ゴルフ
飛距離アップ
大全

ドライバーがめちゃめちゃ
飛ぶようになるヒント集

GOLF EXPERT
ゴルフエキスパート

河出書房新社

はじめに

ゴルフの楽しみはいろいろありますが、中でも「飛ばし」は醍醐味。ドライバーショットは、ほかのどんな球技よりも遠くにボールを飛ばせる。普通の人でも野球の場外ホームラン級の飛距離を出せるスポーツは、ゴルフしかありません。

なにより飛距離はゴルフというゲームに最大のアドバンテージをもたらします。プロのトーナメントでも、たくさん勝っているプレーヤーはおしなべてロングヒッター。アメリカPGAツアーでは上位ランカーの年間平均飛距離が軒並み300ヤードを超え、ツアー平均でも300ヤードに迫る勢いですし、国内ツアーでも男女を問わず飛距離が武器のプレーヤーは、多くの試合で勝利を挙げたり見せ場を作っています。

かつては「パット・イズ・マネー」といわれ、パットが勝敗を左右する要因とされていたプロの世界ですが、時代は変わり、今ではティショットでどれだけグリーンに近づけるかが成績を残す最大の要因であることがデータ的にも明らかになっています。

アマチュアにしても同じで、ドライバーで少しでもグリーンに近づけられれば、2打目以降を短い番手で打てます。わずか一番手変わるだけでも気分的にはすごく楽。気楽に打てれば成功確率も上がるでしょう。

また、ドライバーが飛ぶようになると、ほかの番手も確実に飛ぶようになります。飛距離が底上げされればゲームプランを組み立てやすくなりゴルフがシンプルになる。スコアアップに向けての課題も絞られて、練習効率も上がるはずです。

さて、「わかっているけど、どうしたら飛ぶようになるかわからないんだよ！」という声がそろそろ聞こえてきそうですが、まさにそのとおり。そう簡単に飛ぶようにならないこともまた事実です。

飛んだと思ったら曲がりはじめて振り出しに戻ったり、試打で飛んだからと買ったクラブがラウンドでは使えなかったりと、長年、紆余曲折を繰り返しているゴルファーが多いことと思います。

なぜそうなるかといえば、ゴルフには正解が多すぎるから。飛ばしに特化してもそうで、プロやティーチングプロが口にしている飛ばしのコツは、どれもが正解です。そうやってうまくなった人がいうのだから間違っているわけがないのです。

でも、あなたにとっては不正解かもしれない。いや、むしろ不正解であることのほうが多い。ならばこれは大問題。そんなことをひとつひとつ潰していったら、いくら時間があっても足りません。

ドライバーが飛ばない主な原因は、自分で飛ばそうとしすぎることです。

もちろん、やらなければならないことはありますが、アマチュアの場合、やりすぎていたり、余計なことだったりすることがほとんど。初心者の方は別として、新しい正解を加えるよりも、あなたにとっては余計な正解を削除するほうがはるかに早く飛ぶようになります。

思いのほか飛んだとき、あとで振り返っても、どう振ったかわからないことがあると思いますが、それが正解。〝過ぎたるは及ばざるがごとし〟なのです。

そんなあまたの正解の群れを整理し、一人でも多くのゴルファーに飛ばしの醍醐味を味わい、大きなアドバンテージを手に入れていただきたい、という考えのもとに編まれたのが本書です。

本書の目的は飛ばすためのスイングを一から構築することではありません。**ですから頭から読んでいただかなくてもよく、ましてや全てのことをやる必要もありません。自分にあてはまるかもしれないと思う項目について、試着をするようにトライしていただければOKです。**

また、飛ばしの要素は多岐にわたるので、さまざまな方向からアプローチできるよう章立てしてあります。たとえば第2章は体の動かし方から、第3章はミスの修正から、といったようにです。

各項目にはセオリーといわれていることもあれば、提案型のものもあります。相反することがあるかもしれませんが、真逆をやったらハマることもあるのがゴルフ。方法論に違いはあっても向かう方向は同じで、そこがある意味、本書の面白いところです。

そんな内容は、必ずや多くのゴルファーにキャリア史上最長の飛距離をもたらしてくれることでしょう。

ゴルフ 飛距離アップ大全 ドライバーがめちゃめちゃ飛ぶようになるヒント集

目次

はじめに …… 3

第1章 プロが飛ぶ理由はこれ クラブをうまく使って飛ばす!

1 ボールを飛ばすのはクラブ。一番大事なのはクラブの動き …… 16
2 ゴルフスイングが難しく感じるのはクラブのせい …… 18
3 ゴルフクラブの構造と特性を理解しよう …… 20
4 クラブフェースは基本的に開いている …… 22
5 フェースをスクエアにセットしてからクラブを持つ …… 23
6 クラブのバランスを保って持つとフェースは閉じる …… 24

7 スイング中は「閉じる→開く→閉じる」がフェースの自然な動き …… 26
8 ゴルフスイングはバットやラケットを振るのと同じ …… 28
9 大事なのはダウンスイングからインパクトのクラブの動き …… 30
10 スイングでは自分よりヘッドの動きを意識する …… 32
11 飛距離はシャフトの〝しなり〟を使えてこその産物 …… 33
12 クラブを重く上げて軽く下ろせると飛ぶ …… 34
13 クラブヘッドが弧を描いてこそ飛ぶ …… 36

第2章 飛ぶも飛ばぬも自分次第 体の使い方を意識して飛ばす！

14 体の動きの順番を示すキネマティックシークエンス …… 38
15 飛ばせるグリップはややフックかスクエア …… 40
16 左手小指をしっかり握るとフェースが開かない …… 42
17 「スイング中、手首は使わない」は真っ赤なウソ!? …… 44

18 テークバックはノーコック。その後コックは自然に行われる……45
19 ボディターンだけじゃダメ。スイングには〝腕振り〟が欠かせない……47
20 「腕を振る」とは両腕のヒジから先を使うこと……49
21 「本当の腕の長さ」を知るともっと飛ぶ……51
22 伸ばしたままでも曲げてもOK。腕の使い方は人それぞれ……53
23 ヘッドスピードを上げるならスピーディーにテークバック……55
24 スイング中、体重移動はいるのか、いらないのか？……57
25 「左→右→左」の体重移動が新しい飛ばし方……59
26 使えるともっと飛ぶ!?「地面反力」とは？……60
27 体重移動を使って飛ばすなら二軸スイングのイメージ……62
28 回転スピードで飛ばすならスイングは一軸のイメージ……64
29 出球が左でさらに左に飛ぶ人は下半身で直す……66
30 出球が右でさらに右に飛ぶなら水平に回って手を返す……68
31 しっかりボールを叩ければフィニッシュで右足体重になってもOK……70
32 「しっかり振り切る」が飛ばしの大前提……72

第3章 スイングは今のまま
アドレスを見直して飛ばす！

33 一番力の伝わるところが最適なボール位置……74
34 グリップエンド側を1～2センチ余らせて握る……76
35 ティアップの高さは常に一定にする……77
36 右手でクラブをセットしてふところに余裕を作る……78
37 スタンスラインはアバウトでいい……80
38 アドレスはオールスクエアにこだわらなくていい……82
39 両ワキはヨコからでなく上からしめる……84
40 体と手の間隔はコブシー個分程度が目安……85
41 上体を起こし気味に大きく構える……86
42 ボールとの距離を一定にするにはアドレス時のライ角を意識……88
43 スタンス幅はスイングタイプで決まる……90
44 フェースはやや左向きがスタンダード……92

45 肩のラインは目標より左を向いていなければならない …… 94
46 目線は上げずフラットを保つかやや下を見る …… 96
47 ボール、頭、クラブヘッドの位置関係をチェック …… 97
48 右足体重で構えるとスムーズに始動できる …… 98
49 打ちたい方向と自分の向きを一致させよう …… 100
50 アドレスの向きとスイング軌道をマッチさせる …… 102
51 左を向いて右に振る人は左に飛ばして修正 …… 104
52 右を向いて左に振る人は左に振りながら直す …… 106
53 理想のアドレスができる「マン振り素振り」 …… 108

第4章 スライス、フックがなくなるスイングイメージ

54 スイングとボールの曲がり方の関係を知る …… 110
55 左に突き抜けたショットをネタにスライスを矯正 …… 112

56 スライサーには下から上に振るイメージが有効 …… 114
57 フッカーは腕の振りに体を合わせる …… 116
58 フックしたらバックスイングでクラブを立てる …… 118
59 スイングは時計回りの運動 …… 120
60 フェースにボールを見せながらテークバック …… 122
61 テークバックでは左にハンドルを切る …… 124
62 右手一本でクラブを振ってみる …… 126
63 バックスイングの目標は「左肩が右ヒザの上」 …… 128
64 トップは作らない&切り返しは「無重力」 …… 130
65 クラブは下ろさず引き続けるのが正しい …… 132
66 右からボールを見てインパクト …… 134
67 インパクトは「利き目」で変わる …… 136
68 左ワキが空くとスライスもフックも出る …… 138
69 スタンス幅と同じ直径の筒の中で振る …… 140
70 ベルトを水平に回すイメージで振る …… 142
71 打ったら右足を外から上げる …… 144

72 ヘッドの最下点に向けて振る……146
73 ティアップの高さを変える……148

第5章 飛ばしのメカニズムを知る 科学で飛ばす！

74 飛びの3要素「初速」「打ち出し角」「スピン量」……150
75 飛距離アップにはヘッドスピードよりミート率が大事……152
76 ヒールに当たると飛距離ロス。プロはフェースのやや上で打つ……153
77 ハーフウェーダウン時の最適なフェース角度とは？……154
78 トップの肩のラインとシャフトの角度に注目……156
79 スイング中の手の使用を裏付けるデータ……157
80 スイング中クラブは体の中心と引っ張り合う……158
81 手打ちでは「厚いインパクト」が得られない……159
82 スイングは振り子運動のままでいいのか？……160

83 スイングは振り子運動だけにとどまらない …… 161
84 二点吊り子なら振れば振るほど飛ぶ!? …… 162
85 大慣性モーメントには落とし穴もある …… 163
86 ボールの回転軸をイメージする …… 164

第6章 間違えていませんか? 飛ばしのギア選び

87 ドライバー選びは総重量から着手する …… 166
88 スイングリズムが早ければ軽め、遅ければ重め …… 168
89 打球が散るようなら長さを疑う …… 169
90 ヘッドの進化でボールも上がればスライスでも飛ぶ …… 170
91 適正な打ち出し角を演出する重心深度 …… 172
92 重心距離が長いクラブは条件付きで飛ぶ …… 174

93 低重心ドライバーは芯を外したミスに弱い……176
94 誰にでも合う万能シャフトも登場……178
95 トップから切り返しのしなり具合でシャフトを選ぶ……180
96 右から右、左から右に飛ぶ球はシャフトで直る……182
97 グリップは硬すぎても柔らかすぎてもダメ……184
98 イメージできる弾道が一番飛ぶ……185
99 「同じフレックスなのに硬さが違う」を解決する振動数……186
100 クラブとボールの相性は？……188
おわりに……190

第1章

プロが飛ぶ理由はこれ
クラブを
うまく使って飛ばす！

飛ばしのポイント

1

クラブ

ボール を飛ばすのはクラブ。一番大事なのはクラブの動き

ゴルフクラブの中で最も遠くにボールを飛ばせるのがドライバー。ショットを打つすべてのクラブの中で一番長く、その先端にはひときわ大きなヘッドがついています。これだけでも飛びそうなのに、長いシャフトがビヨンビヨンしなる。いったんしなったものが元に戻る勢いで硬いボールを引っ叩くことを思えば、飛ばないわけがありません。

ところが現実は厳しくて、思ったように飛ばせないアマチュアが圧倒的に多い。そして、そんなゴルファーのほとんどは、自分のスイングを疑っています。何十年にもわたってモヤモヤしたまま試行錯誤を繰り返している人も珍しくありません。クラブを疑って次々に買い替える人もいますが、これも付け焼き刃で根本的な解決は望めません。

確かに飛ばないのは自分のせいです。スイングに手を加えるのも間違いではありません。しかし、それをするにしても絶対に押さえておかなければいけないポイントがあります。それは**「ボールを飛ばすのはクラブである」**ということです。

たとえば練習場で試行錯誤する場合、アマチュアは「上半身をひねる」「下半身リード

で打つ」「手首を使わない」など体の動かし方ばかり気にします。でも、本当に大事なのはクラブの動き。「上半身のひねり」も「下半身リード」も、突き詰めればクラブを正しく動かすための方法。スイング自体さえも、その手段でしかありません。

スイングの習得方法は2つ。体の動きから入るか、クラブの動きから入るかです。

体の動きから入るというのは、いわば習慣づけ。同じ動きを繰り返せるようトレーニングしてクラブの動きを安定させます。ただ、それには時間がかかり、アスリート的な敏感さもある程度必要です。たくさんボールを打っていく中で、自分の感覚と実際の動きのギャップを埋めていかねばならないからです。

一方、クラブの動きから入るとは、自分よりもクラブの動きを優先させること。飛ばないのはクラブが機能しない状態になっているからなので、その原因となっている動きを排除するという発想です。

上級者には、変則的なスイングでも飛ばしている人がたくさんいますが、それはクラブが正しく動いているからにほかなりません。プロもしかり。いろいろなスイングがありますが、みんな飛ばしています。小柄な女子プロだって我々よりはるかに飛ぶのです。

プロのコーチがゴルファーのどこを見るかといえば、まずはクラブの動き。曲がるのは、どこかでおかしな動きが入るから。それを突き止めないと適切なアドバイスは送れません。

これまで体の動きばかり気にしてきたなら、もっとクラブの動きに注目するべきです。というわけで、この章ではクラブ目線でスイングを見るときのポイントをお伝えします。

飛ばしのポイント

飛ばしのポイント

2

クラブ

ゴルフスイングが難しく感じるのはクラブのせい

ゴルフスイングが難しいのはクラブのせいで運動神経がよくないからではありません。

ゴルフクラブがバットのような棒状なら振りやすく、比較的容易にボールに当てられます。でも、遠くには飛ばせません。ゴルフは野球のように飛んでくるボール、いいかえればエネルギーをもった物体を打ち返すのではなく、地面に静止したボールに強大なエネルギーを与えなければならないからです。

なんとか遠くに飛ばせないかと思案の末、今の形になったのがゴルフクラブ。ボールをとらえやすいよう先端を曲げ、ボールを叩くところに面をあつらえました。

ところがこの形状がクセモノ。狭い打面で小さなボールを正確にとらえること自体難しいのに、先端（ヘッド）がくるくる回ります。インパクトで右に回って打面が開くとボールは右に、左に回って打面が閉じると左に飛び出すのです。

だからといって回らないようにキツく握りしめたのでは元の木阿弥《もくあみ》、当たるだけでボールが飛びません。これだけ扱い方が難しい道具に取扱説明書がないのはおかしいと、クラブメーカーに「トリセツをつけて！」と訴えるアマチュア想いのプロもいるほどです。

それはさておき、スイングは回転運動といわれますが、ほとんどのゴルファーにとって回転は体の回転を意味します。「スイングには体の回転が不可欠」というわけです。

スイングにおける体の運動が本当に回転なのかはさておき、ゴルフではそれ以上に重要な回転があります。**クラブの回転**です。

前述したとおり、先端が曲がったL字型のクラブは先端部がくるくる回ります。すでにお気づきの方も多いと思いますが、こうなるのはそれがクラブに欠かせない機能だから。回転することで先端のスピードがアップしてエネルギーが生まれる。その過程でボールを叩けると、効率よくボールにエネルギーが伝わって遠くに弾き飛ばせる。ボールを打つにあたり、必ず目標方向に回転しなければいけないのがクラブなのです。

幸いなことに、クラブを回転させるのに力はいりません。ギュッと握ったり、肩や腕に力が入るほどクラブの回転は阻害される一方。「グリップはゆるく握る」「力を抜く」というのは大事なポイントですが、これは一にも二にもクラブの機能を生かす条件だから。動きがゆったりなのに飛ぶ人や、小柄で非力なのに飛ぶ人のクラブは、必ずスイング中に目標方向に回転しています。

打面を目標方向に向けたままボールを打つとクラブは1ミリも回転しません。あえてクラブの回転を抑えて打つ方法もありますが、あくまで特殊な打ち方で、**まず身につけるべきはクラブの回転を伴いながらボールを打つこと。**とりわけドライバーの飛ばしには欠かせません。

飛ばしのポイント

飛ばしのポイント

3

クラブ

ゴルフクラブの構造と特性を理解しよう

ゴルフクラブの重心位置もスイングをややこしくしている原因です。前項ではクラブの回転について触れましたが、物体は重心点を軸に回転します。

クラブは真っすぐなシャフトとL字に突き出たヘッドでできていますが、ややこしいのは双方で重心点が異なること。2つが組み合わさったことで、重心が極めて実感しづらい物体になっています。

どこに重心があるかというと、グリップエンドとヘッドの重心位置を結んだ空中。しかもヘッドには厚みがあるので、両者を結んだライン上よりもバックヘッド側、ドライバーでは3~4センチほど右にあります。

重心が管理できないとクラブはうまく回転しません。たとえばテークバックでクラブをインに引くとボールを効率よく弾くための回転が阻害されます。

こういった悪行を防ぐには**斜めに置かれたクラブを斜めのまま動かすよう心がけること。**スイングの正確性を示すもののひとつにスイングプレーンがありますが、クラブが重心点を軸に回転する(=重心が管理できる)とオンプレーンスイングになります。

クラブは重心が実感しづらい物体

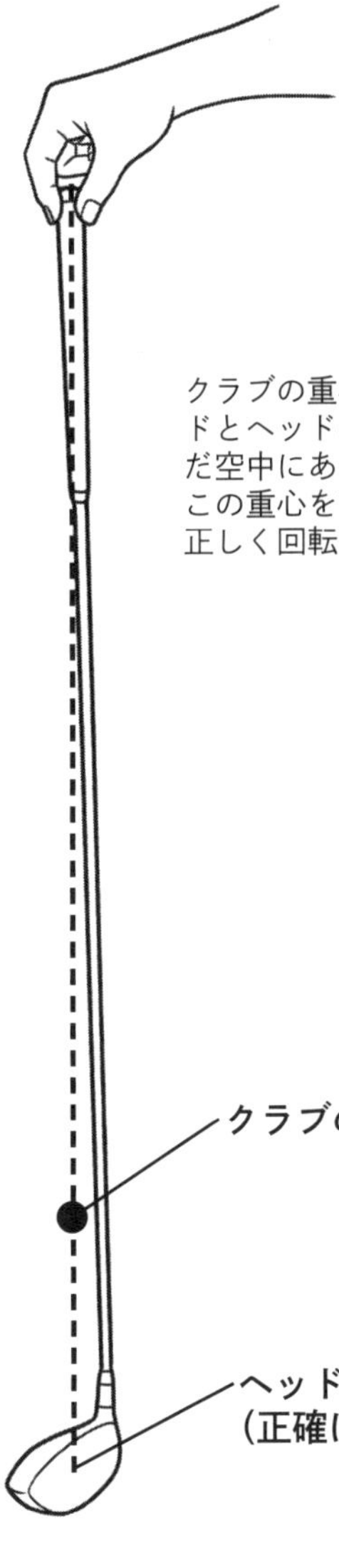

クラブの重心はグリップエンドとヘッドの重心位置を結んだ空中にある。スイングとはこの重心を管理してクラブを正しく回転させること

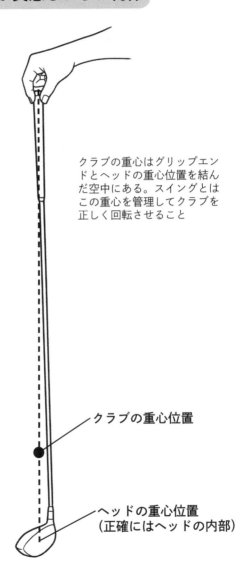

飛ばしのポイント 4

クラブフェース

クラブフェースは基本的に開いている

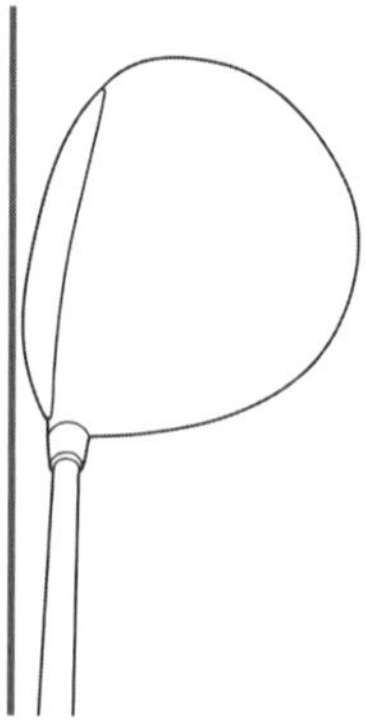

ヘッドを置くとフェースは開いて右を向く

フェースが開いたまま打つと打球は右に飛ぶ。目標に向かって飛ばすにはクラブを目標方向に回転させなければならない

ドライバーの特性を見てみましょう。力を加えずヘッドを地面にポンと置くとフェースは開いて右を向きます。

これはヘッドが大きなドライバーに限ったことではなく、ショットを打つすべてのクラブに共通しています。クラブフェースは基本的に開いているのです。

このままボールに当たれば右に飛び出すことは火を見るよりも明らか。これだけでも目標方向にクラブを回転させなければならないことがわかると思います。

ドライバーでスライスするゴルファーが圧倒的に多いのは、クラブの基本構造に対する理解とケアができていないからで、テークバックやトップのせいではありません。**開いたフェースは閉じながら打たないと狙った方向に打ち出せせない。ただそれだけです。**

飛ばしのポイント 5

クラブフェース

フェースをスクエアにセットしてからクラブを持つ

右手をかぶせてフェースをスクエアにしない

フェースをスクエアにする際、アドレスで右手をかぶせると、スイング中にフェースが開いてしまう

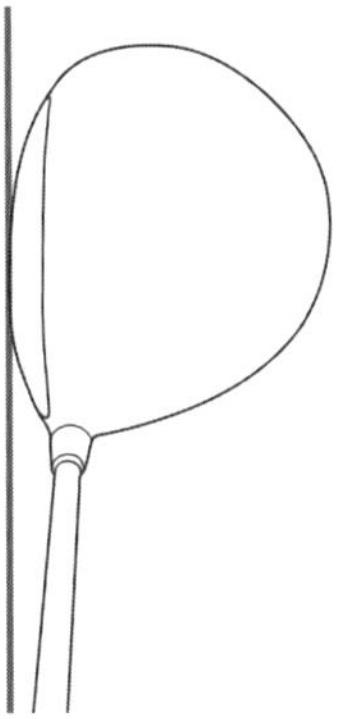

アドレスでは誰もが目標に対してフェースをスクエアにセットしますが、多くの人はフェースが開いた状態でクラブを持ち、右手をかぶせるようにしてフェースの向きをその場でスクエアにします。

前述したように、なにもしなければクラブフェースは開いて右を向きます。この合わせ方だと、スイング中、フェースはあっという間に開いてしまう。手先でフェースの向きを変えただけなので、クラブが生む力に翻弄《ほんろう》されてしまうのです。当然、目標方向に回転させるのは困難です。

本当の意味でフェースをスクエアにセットするには、最低限フェースをスクエアにしてからクラブを持たなければいけません。プロの多くがフェースの向きを合わせてからグリップするのはこのためです。

飛ばしのポイント

6 クラブフェース

クラブのバランスを保って持つとフェースは閉じる

最低限フェースをスクエアにセットしてからグリップするのが基本ですが、それでもクラブが正しく回転せず、インパクトでフェースが開いてスライスするアマチュアが多い。その理由は、クラブの重心バランスがとれていないからです。

話をわかりやすくするために、ドライバーを指先にのせてみてください。ヘッド寄りのシャフトのどこかを指の腹にのせて、やじろべえのようにバランスがとれるところを探すのです（左ページイラスト上）。

バランスがとれたところでフェース面を見ると、フェースが閉じているのがわかります。

クラブの重心位置は空中ですが、静止した物体としてのバランスポイントはそこ。バランスがとれるとフェースは左を向きます。つまり、**ドライバー、特に昨今のモデルは、スクエアよりもフェースが閉じた状態でグリップしたほうが重心を管理しやすいのです。**

程度は違えどアイアンもそう。プロの中にはアドレス時にリーディングエッジをスクエアにセットせず、ヘッド上部のトップラインをスクエアに近い状態にする人がいます。

クラブの重心バランスをとる

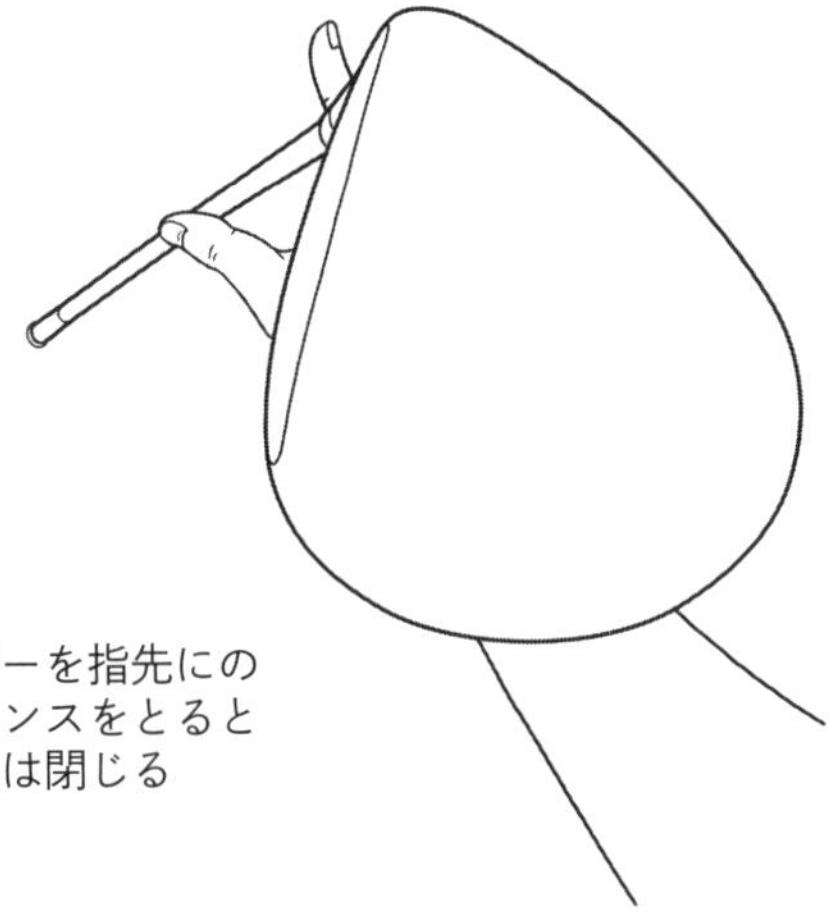

ドライバーを指先にの
せてバランスをとると
フェースは閉じる

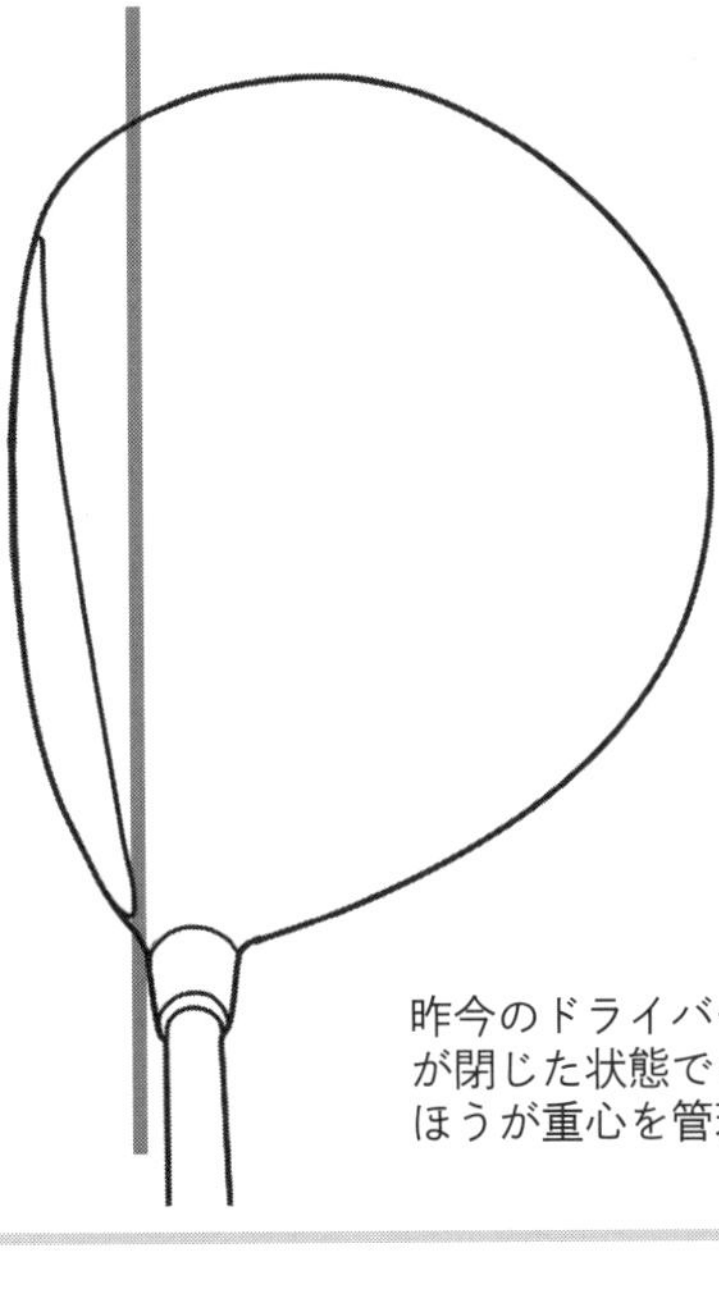

昨今のドライバーはフェース
が閉じた状態でグリップした
ほうが重心を管理しやすい

飛ばしのポイント

7

フェースの動き

スイング中は「閉じる→開く→閉じる」がフェースの自然な動き

前項のようにドライバーのフェースが閉じた状態でグリップ&アドレス。そこからスイングを始動してボールを打つと右には飛ばなくなります。

理由は重心が管理できてクラブが回転しはじめるから。強く握ったり、テークバックでいきなりフェースを開かなければ右には飛びません。

このときのクラブフェースの動きを追うと、**テークバックからバックスイングではフェースが閉じ気味で上がっていき、切り返しからダウンスイングではいったん開く。そしてダウンスイング後半からインパクトでは再び閉じてきて、その過程でボールを叩きます。**

スイングではヘッドが大きな弧を描くことで遠心力が生まれ、ボールを飛ばす原動力になりますが、同時にクラブが左に回転することでヘッドにも遠心力が生じます。**2つの遠心力の相乗効果でボールに最大のエネルギーを与えられるのです。**

「テークバックは真っすぐ引く」とか「インに引かない」といわれるのは、重心を管理しやすいから。クラブを正しく回転させるために不可欠なことです。

重心が管理できるとクラブが回転しはじめる

テークバックではフェースが閉じて上がり、切り返しからダウンスイングでいったん開く。そして、ダウンスイング後半からインパクトでは再び閉じるのが自然な動き

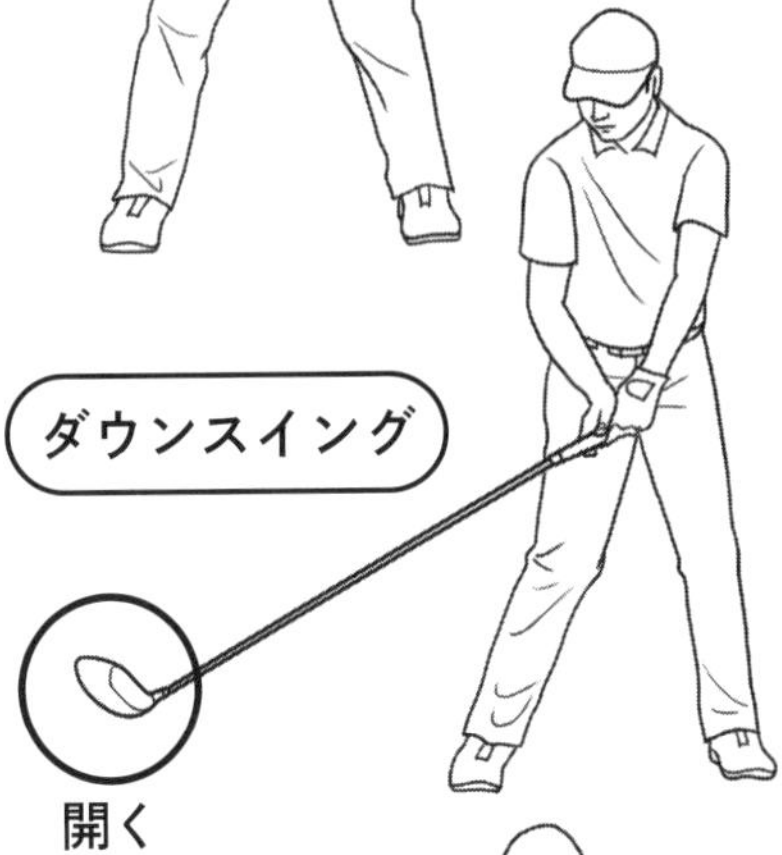

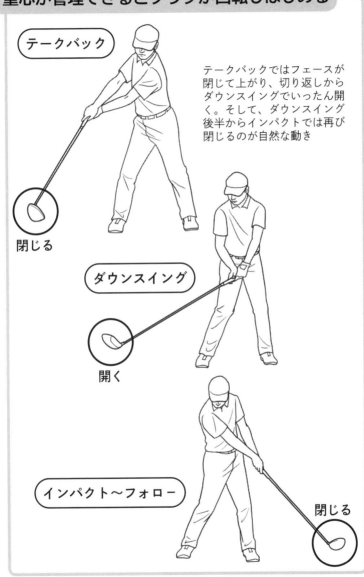

飛ばしのポイント

8

スイング

ゴルフスイングはバットやラケットを振るのと同じ

スイングとは「SWING」の日本語訳。もともとは「振り動かす」「揺り動かす」という意味ですが、いうまでもなく、ゴルフや野球ではクラブやバットなど道具を振るアクションを指します。

ゴルフが難しいのは、うまくスイングできないからという人がいます。確かにそうかもしれません。妙な握り方でクラブを持たされ、ヒザを曲げ、しかも上体を前傾させた体勢でクラブを振らなければならない。野球のように、ある程度自由に構え、体の前に持ち上げた道具を振るのではなく、いくつもの制約がかかった状態で小さなボールを狭いフェースに当てなければならないのですから。

でも、だからといってやることが大きく変わるわけではありません。所詮は棒を振ってボールを叩くだけ。とりわけゴルフは他の競技と違って動いているボールを打つわけではありません。

早い話、いつも同じように振れるなら、その軌道上にボールがあれば当たる。人間がやることなのでパーフェクトはないとしても、それほどひどいことにはならないはずです。

では、なぜうまくいかないアマチュアが多

いのでしょう。おしなべてプロは「面を意識しづらいから」といいます。テニスや卓球でも面のあるラケットを振ってボールを打ちますが、ゴルフと違って面と手の位置が近い。しかも柄の延長線上に重心がある道具なので扱いやすいですが、クラブは面が遠くにあり、重心も手の延長線上にない。意識もしづらく動かしづらいのです。

にもかかわらず、プロにどうすればいいのか聞くと、野球やテニス、卓球と同じように振ればいい、との答えが返ってきます。野球では当てるだけでは飛ばないし、強い打球にならないのでバットを返しながら打つ。テニスや卓球ではドライブをかけたり、カットに打たないと勝負にならない。前者はボールの上から撫でるように、後者は下から切るようにラケットを振りますがゴルフでも同じ。**うまく振れないのはゴルフスイングが特殊だと思っているから**、だというのです。

ゴルフスイングを特殊なものにしないためにも、クラブの使い方を理解するべき。もっとも、野球やテニスと同じなのであれば特別なことはしなくていいのですが。

飛ばしのポイント

ここまで説明してきたように、その使い方を誤らなければクラブは仕事をしてくれます。説明だけ読むと面倒くさく感じるかもしれませんが、要は**クラブが回るように振ればいいのです。**

そもそもクラブは進化してきました。基本的には振りやすいように振れば仕事をするようにできている。それが進化というものですから、我々はそこに乗っかればいい。「ボールを打つことよりクラブを振ることが大事」といわれるのもそういうことなのです。

飛ばしのポイント

9

スイング

大事なのはダウンスイングからインパクトのクラブの動き

プロでも100人いれば100通りのスイングがありますが、プロのドライバーショットはアマチュアのように曲がらないし、打球が右に左に散らばることもありません。その理由は、スイング中にクラブが正しく動いているからです。

でも、みんながみんな正しく動かせているのなら、プロのスイングはみんな同じになっているはずです。

話はちょっと逸れますが、かつてのゴルフレッスンでは、プロのスイングの形が拠り所になっていました。強いプロのスイングをコピーする、あるいは、そういったプロのスイングから最大公約数的な部分を抽出して、それをお手本にする手法です。

もちろんこれは間違ったやり方ではありません。この手法で上達した人はたくさんいるし、プロになったゴルファーもいるかもしれません。また、今のようにゴルフサイエンスが進化していなかったことを考えれば、そうするしかなかったともいえます。

しかし、現実にはそういった枠には収まりきらないプロもたくさんいます。仮にスイングをきれいなスイングと個性的なスイングに分けるとしたら、後者のプロだって決して少数派ではありません。

なぜ個性的に見えるかといえば、バックスイングの上げ方やトップ、フォローやフィニッシュなど、見えやすい部分のクラブの動き方が個性的だから。

逆にいうと、可視できないスイングの肝心要のパート、つまりダウンスイングからインパクトにおけるクラブの動き方はみんな同じなのです。

これはテクノロジーの進化によって明らかになった事実。エビデンスです。前述したように、クラブが左に回転しながらインパクトに向かい、開いたフェースが閉じながらボールをとらえているのです。

この動きを2秒にも満たないスイングで意図的に行うのは不可能。クラブに頼らないことはできません。ましてプロはスイングスピードがとても速い。このプロセスのクラブの動きが同じになるのは、クラブに頼っているからこそといえます。

飛ばしのポイント

ということで、**クラブの動きの中でも本当に大事なのは、ダウンスイングからインパクトでのクラブの動き。**それ以前のスイングパートは全てその準備のために費やされ、それ以降は全て成り行きであり、結果としてもたらされることです。

バックスイングやトップの形を気にするのもいいですが、そこに拘泥《こうでい》すると上達から遠ざかることにもなりかねません。ダウンスイングからインパクトでいかにクラブを動かすか、というより、いかに正しく動いてもらうか、がスイングするうえで心血を注がなければならない部分です。

飛ばしのポイント 10 スイング

スイングでは自分よりヘッドの動きを意識する

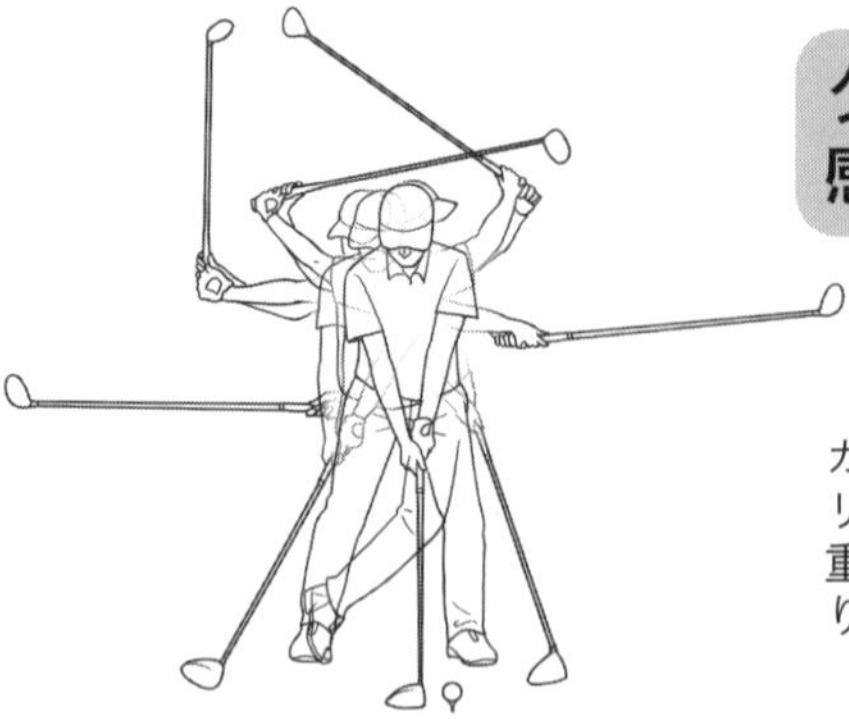

クラブの重さを感じながらスイング

ガシッと握りしめずにグリップすることでクラブの重さを感じられるようになりヘッドの動きが安定する

プロはスイング中にフェースがどこを向いているかがわかるそうです。「クラブの重さを感じながら振る」ともよくいわれますが、これができないとフェースの向きを感じることはできません。

クラブはギュッと握るほど重さを感じられなくなります。ヘッドが遠くにあり、全体重量が軽いドライバーではなおさらです。

飛ばそうと思うほど力が入ってしまうものですが、ここはクラブを信じてフワッとグリップするところからはじめましょう。

クラブの重さを感じられるようになると、ヘッドの動きが安定してきます。クラブが動きたいように動きはじめるからですが、こうなるとプレーヤーのやることが一気に減る。スイングが意外にシンプルで力もいらないことがわかります。

飛ばしのポイント 11

スイング

飛距離はシャフトの〝しなり〟を使えてこその産物

ドライバーの飛ばしを司《つかさど》っているのは、クラブヘッドだけではありません。飛ばしに不可欠なヘッドスピードを上げるにはシャフトがうまく使えないといけないのですが、シャフトは上下左右にしなる、いいかえればねじれるのでなかなか厄介です。

飛ばしに有効なのはタテ方向のしなりです。体の正面でドライバーを持ち、なるべく手元が動かないようにしてヘッドを上下させるとシャフトが大きくしなりますが、スイングではこのしなりが大事。シャフトがヨコや斜めにしなると過剰なフェースターンを伴うことになりますが、タテなら伴わないからです。

シャフトをしならせるには手先でクラブを操作しないこと。腕を長く使う、あるいは腕の付け根（51ページに関連事項あり）から動かすイメージをもつと、大きくゆったりしならせることができます。

かつてはショートストロークといって、ダウンスイングでいわゆる〝タメ〟を作ってからインパクトに向かって一気に解放するスタイルでしたが、ドライバーヘッドの大型化が進んだ今は、昔ほどタメを作らず、早めにリリースしてゆったり振ったほうがシャフトの挙動が安定するといわれています。ヘッドスピードにもよりますが、アマチュアがシャフトのしなりを効果的に使うには柔らかめのシャフトがおすすめです。

飛ばしのポイント

12 スイング

クラブを重く上げて軽く下ろせると飛ぶ

クラブを正しく使えると重さの感じ方が変わってきます。テークバックし、シャフトが地面と平行になるハーフウェーバックあたりまではクラブの重さを感じ、バックスイング以降は軽くなります。そしてトップから切り返しでは重さを感じなくなる。この状態を「無重力」と表現するプロもいます。

アマチュアの多くは、テークバックの時点でいきなりクラブが軽くなります。原因は手首を折ってヒョイとクラブを上げたり、クラブをインサイドに引くから。こうなるとフェースは開いて上を向きます。

これに対し**フェースが閉じ加減で真っすぐ動く＝クラブが斜めのまま動くと、誰でも重さを感じます。**

切り返しからダウンスイングの過程ではクラブは軽いまま。**ハーフウェーダウンからインパクトに向かって再び重さを感じるようになればうまく使えています。**

アマチュアは手を使ってクラブを下ろすので、ダウンスイングの前半で重さを感じます。こうなるとインパクトで詰まることが多くなりクラブを引き上げる。その結果インパクトに向かって重さを感じなくなります。

クラブを正しく使えると重さの感じ方が変わる

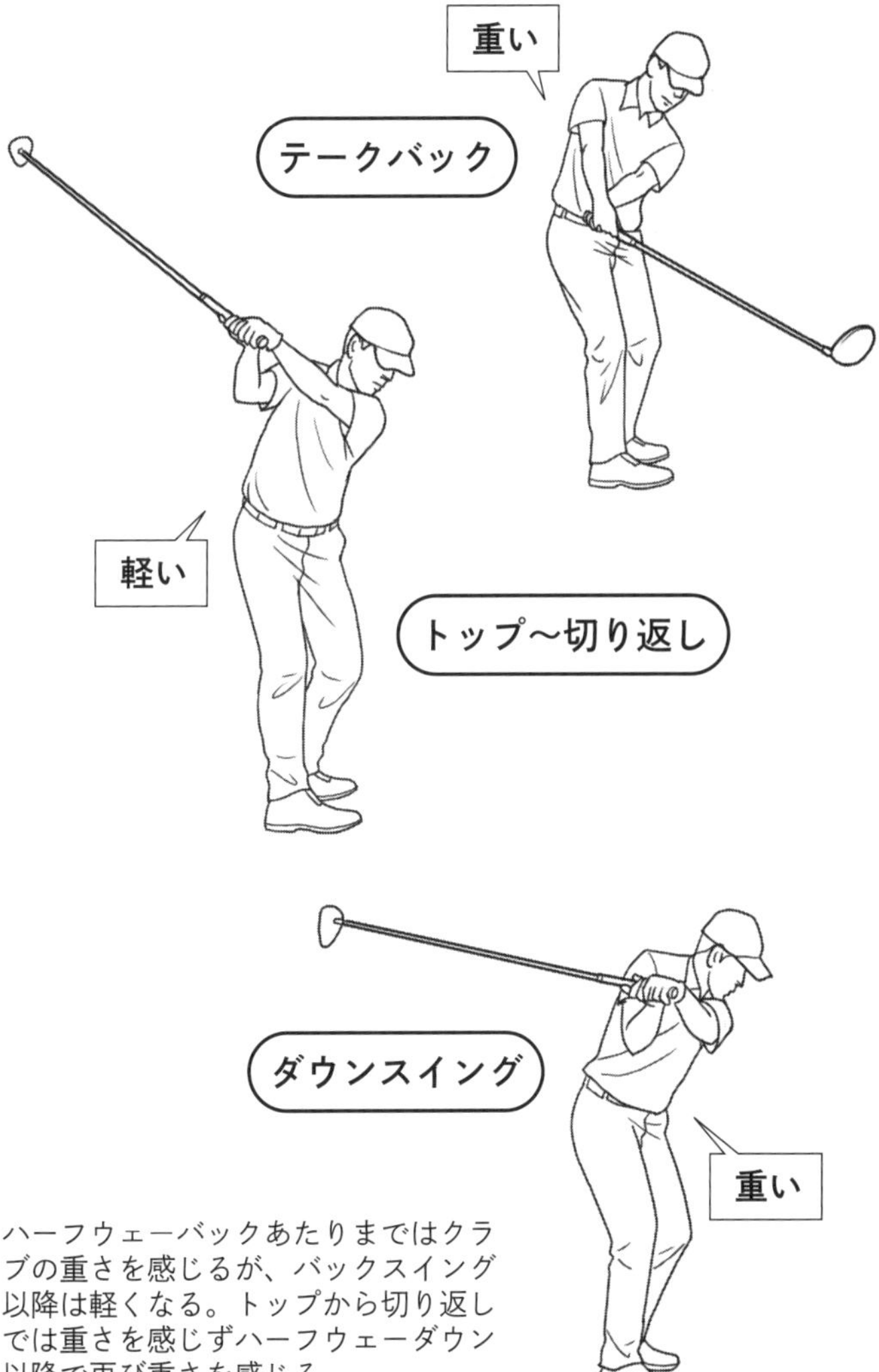

ハーフウェーバックあたりまではクラブの重さを感じるが、バックスイング以降は軽くなる。トップから切り返しでは重さを感じずハーフウェーダウン以降で再び重さを感じる

飛ばしのポイント 13 スイング

クラブヘッドが弧を描いてこそ飛ぶ

飛距離ロスをなくす秘訣は、できるだけボールを真っすぐ飛ばすことですが、真っすぐ飛ばそうとするほどクラブの動きを阻害することになります。

インパクト~フォローで目標方向にフェースを真っすぐ出したり、フェースをボールに当てにいく、といったスタイルですが、結局はスライスやプッシュアウトになって真っすぐ飛びません。

実のところ真っすぐ飛ばすのはプロにとっても難しいことです。そもそもドライバーは飛ばすクラブ、飛ぶように振ったほうがいい結果につながりやすいのです。

飛ぶように振るとは、インサイドからヘッドが下りてボールをとらえ、インサイドに振り抜くこと。ゆるやかではありますがヘッドは弧を描きます。

自然に動くのがベストですが、動かそうとするのであれば真っすぐではなく、左右のインサイドにヘッドの入口と出口を設定し、そこを通すようにするといいでしょう。

その際にヘッドの高さも意識する。ヘッドが上から入ると入口がアウトサイドになります。逆に下から入ると出口がアウトサイドになります。低く動かすことで入口、出口ともにインサイドになり、ヘッドでゆるやかな弧を描けるようになります。

第２章

飛ぶも飛ばぬも自分次第
体の使い方を意識して飛ばす！

飛ばしのポイント

14

体の動き

体の動きの順番を示す キネマティックシークエンス

ここ十数年来のゴルフテクノロジーの進化には目を見張るものがありますが、その大きな産物のひとつがキネマティックシークエンス。スイングによって生じるパワーが最も効率よくクラブに伝わる体の動き方を示すもので、運動連鎖などとも呼ばれます。

重要なのはダウンスイングからインパクトで体の各部が動く順番で、切り返し以降は「下半身→上体→腕→クラブ」の順に動きます。明らかにスイングの見た目が異なるプロも、キネマティックシークエンスはほぼ一致していることがわかり、今では広く指導に取り入れられています。「下半身から切り返す」、「クラブは最後に下りてくる」と昔からプロは口にしていましたが、それが感覚ではないことが証明されたわけです。

この事実からスイングは全身運動であることがわかります。ボールに当てにいくと手や腕だけを使う、あるいは手や腕を固定して体だけターンさせるといった動きになりがちですが、キネマティックシークエンスの観点からするとゴルフスイングとは似て非なるもの。プロのスイングがきれいで躍動的なのは、順番に従って体が動いているからです。

パワーが効率よくクラブに伝わる体の動き方

切り返し以降は「下半身→上体→腕→クラブ」の順に動く。当てにいって手や腕だけを使ったり手や腕を使わず体だけターンさせるのは非効率

飛ばしのポイント

15

グリップ

飛ばせるグリップはややフックかスクエア

オーバーラッピングやインターロッキングなど、グリップの仕方は何でもOKですが、**今のドライバーはややフックに握ったほうが飛ばせます。**ヘッドが大きくなった分、ターンしづらくなっているからです。

スクエアグリップでは握ったときに両手の甲がほぼ均等に近く見えますが、フックに握ると左手の甲が多く見えます。

おすすめなのは、まずスクエアに握ってクラブの重心バランスがとれた状態（フェースが左を向いた状態）にし、グリップしたままクラブを右に回してフックにすること。こうすると右肩から腕がかぶらず、やや右肩が下がったドライバー仕様のアドレスになります。

また、フェースが閉じてボールがつかまりやすいのでボディターンをメインに打てる。クラブの回転をあまり意識しなくていいというメリットもあります。

右手がかぶったグリップだと力が入る気がしますが、右サイドが強くなりすぎてクラブが外から入りやすくなります。そもそも右肩がかぶったアドレスになりやすいのでカット軌道を誘発する。インパクトでフェースが開くとスライスし、閉じるとヒッカケます。

フックに握ると左手の甲が多く見える

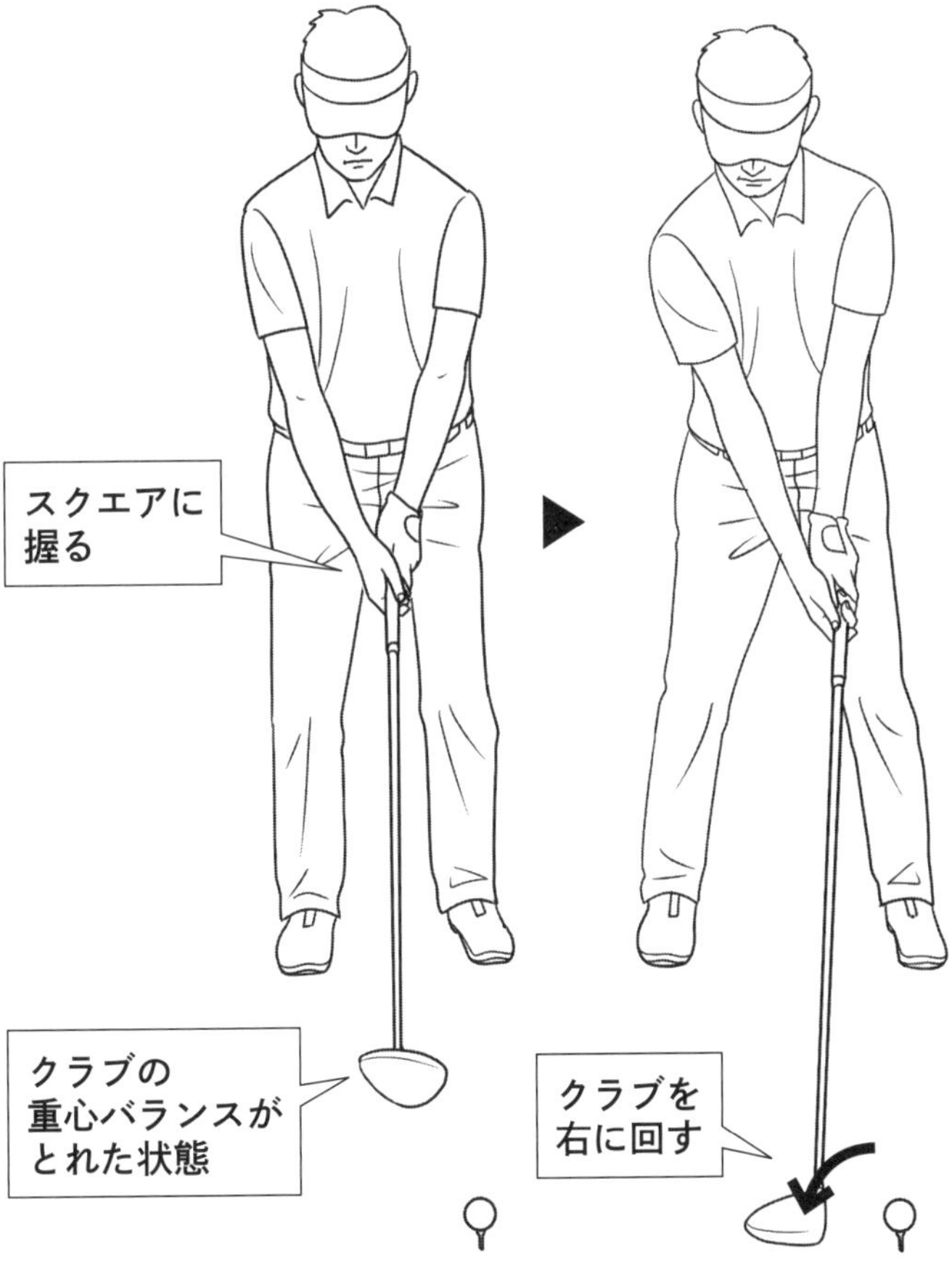

ヘッドが大きくなってターンしづらくなったため、フックグリップがおすすめ。スクエアに握ってクラブの重心バランスがとれた状態にしたらクラブを右に回してフックグリップにする

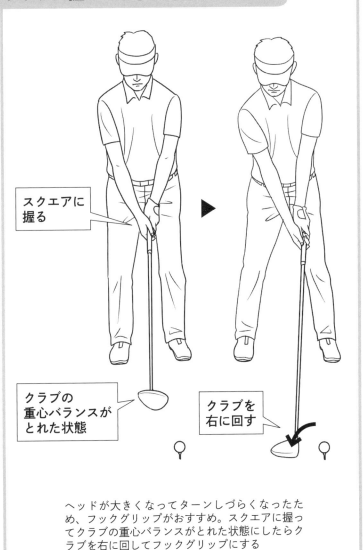

飛ばしのポイント

16

グリップ

左手小指をしっかり握るとフェースが開かない

グリップする際のポイントは左手。フックに握るのもそうですが、よくいわれるように中指、薬指、小指の3本それぞれの関節に挟むようにしてクラブを留めます。

とりわけ小指をしっかり握ることが大事。こうしておくとトップでヘッドが垂れる、よくない形のオーバースイングを防げます。クラブを効率よく動かすには、無駄な動きを省くことも大切なのです。

スイング中に左手の力が抜けないこともメリット。力が抜けると結果的に右手が勝った状態になってカット軌道になりやすい。また、アマチュアの場合、トップで左手が甲側に折れる人がいます。こうなるとフェースが開く。そのままダウンスイングからインパクトに至るとボールが右に飛び出します。

左手小指をしっかり握っておくと左手の甲が甲側に折れにくくなりフェースが開きません。右手が勝つことも抑えられるのでスイング軌道、フェースの向きともに安定します。

ちなみに適度に力を抜いてグリップするには、いったん思いきり3本指でギュッと握るのがおすすめ。そこからフッと力を抜くと腕からも力が抜けて手がしまります。

よくない形のオーバースイングを防げる

小指をしっかり握るとクラブの無駄な動きを省ける。また、左手の力が抜けないので、右手が勝ってスイングがカット軌道になるのを防げる。さらに左手が甲側に折れにくくなりフェースが開かない

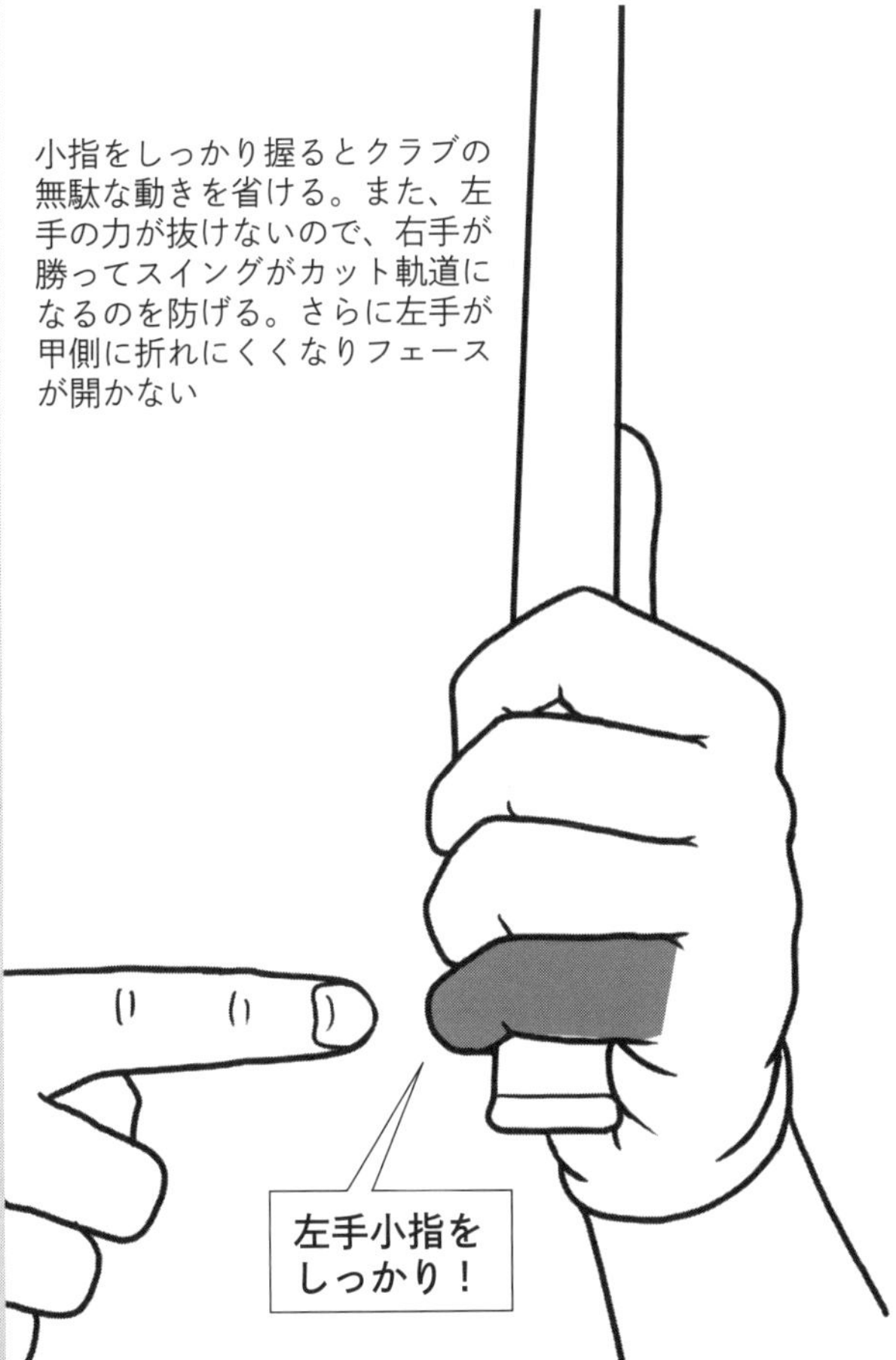

飛ばしのポイント 17

手首の使用

「スイング中、手首は使わない」は真っ赤なウソ!?

「スイングでは手首を使わない」と多くのプロはいいますが、これはプロの感覚表現です。クラブを正しく使えるとクラブに動かされるようになるので、自分ではなにもしない感覚になる。そのためこの表現になるのです。

アマチュアゴルファーはこの域にはいませんん。額面どおり「手首を使わない」でクラブの動きを封じている人が圧倒的に多いですから、はじめは正しく手首を使ってクラブに導かれる感覚を味わうべきです。

とはいえ、やることは難しくありません。手首は親指側、小指側、甲側、手のひら側の4方向に折れますが、スイングで関わってくるのは、おもに親指側と小指側への動き。**甲側、あるいは手のひら側への屈曲が入るとフェースの向きに影響しますから、これらを抑えるようにすればＯＫです。**

よくないのは手首をガチガチに固めて、どの方向にも動きづらくなってしまうこと。これを防ぐには、グリップしたら胸の前にクラブを上げて手首をくるくる回してみる。クラブをギュッと握りしめたり、手首の関節を固めているとこれができません。要は手首を柔らかく使えばいいのです。

飛ばしのポイント
18
手首の使用
テークバックはノーコック。その後コックは自然に行われる

コッキングもスイング中のアクションとして必ず取りあげられるもののひとつ。手首を親指側に折る動作です。

「バックスイングとフォローではクラブが立つ瞬間がある」と語るプロがいますが、これはコッキングが入るから。ダウンスイングで折れた手首を伸ばしながら振ると、重力を使ってヘッドを動かせるので加速します。ギリギリまでコックを解かず、いわゆる〝タメ〟を作ったのち一気にリリースするのはその極みといえるでしょう。

すでに記したように、今のドライバーではあまりタメを意識する必要はありません。その分、コックも自然になされるのが理想。すなわち、**テークバックからバックスイングに至る過程ではノーコックでOKです。**

なぜなら、正しく動けていれば、クラブが上がっていく勢いで自然にコックがなされるから。そもそもコッキングは意識的に行うものではなく、自然に行われる性格の動きです。

すでに触れた「手首を使わない」というプロのいい回しはここでも生きていて、理にかなったクラブの使い方ができているとオートマチックにコックします。

コックは自然になされるのが理想

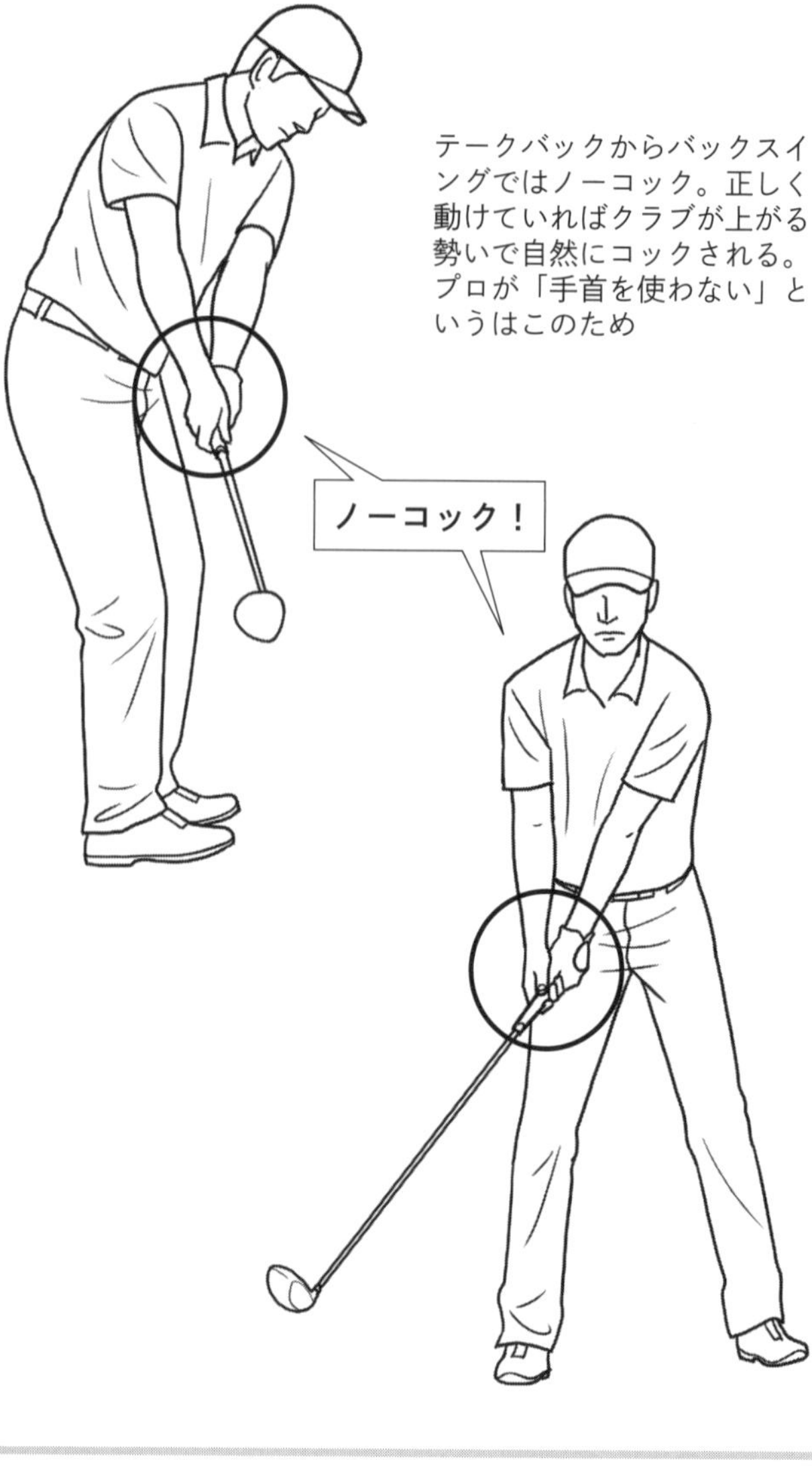
テークバックからバックスイングではノーコック。正しく動けていればクラブが上がる勢いで自然にコックされる。プロが「手首を使わない」というはこのため
ノーコック！

飛ばしのポイント

19

腕の振り

ボディターンだけじゃダメ。スイングには〝腕振り〟が欠かせない

手首と同様に大事な体の動きに腕を振ることがあります。

やったことがある人もいると思いますが、腕だけを振ってボールを打っても、そこそこ飛びます。ミドルアイアン以下ならアマチュアでも実戦で使えるでしょう。

ところがボディターンスイングが取り沙汰されるようになってから、腕を使わないゴルファーが急増しました。「体と腕を一体化させる」というのがボディターンの触れ込み。これを文字どおりやってしまった。同時に「クラブはずっと体の前」との教えも蔓延《まんえん》したため、両腕の上腕部を体に縛りつけたような状態でスイングする人が増えたのです。

スイングは全身運動なので上半身も使えば腕も使う。どちらかだけでは成立しません。ドライバーは特にそうで、体の各部をバランスよく使えてこそ飛ばせます。

ボディターンを心がけているのに飛ばない人は、思いきって腕を使ってみましょう。当たりはするけど飛ばない人は、ボディターンが不足しているかもしれないので、もっと腕の動きに体を追随させてみましょう。アプローチの仕方はどちらでも構いません。

スイングでは上半身も使えば腕も使う

腕を振って
バックスイング
腕を振って
振り切る！

ボディターンが取り沙汰されるようになって腕を使わないアマチュアが増加。だがスイングは全身運動。ドライバーは体の各部をバランスよく使えてこそ飛ばせる

飛ばしのポイント

20

腕の振り

「腕を振る」とは両腕のヒジから先を使うこと

スイング中、クラブは目標方向に回転しながらボールをとらえます。クラブをうまく使えているプロは、これが無意識下で行われていますが、できていない人は、ひとまず意図的にクラブを回してあげないといけません。

ここで気をつけなければならないのは、**クラブを回すのであってフェースを返すわけではないことです。**

ポイントはスイングで描かれる孤の最下点に向かってヘッドを振り出すように腕を動かすこと。**右手でいえば地面に向かってボールを投げつける、左手なら甲を目標方向に向けるイメージです。**こうすると右ヒジから先と、左ヒジから先がともに左に回ってクラブが左回転し、ヘッドのターンを使ってボールをとらえることができます。

ボールをつかまえようとすると、ダウンスイングからインパクトで右手をかぶせがち。ダウンスイングで左手の甲が正面を向いている状態から、一気に右手の甲が正面を向いた状態に入れ替えるスタイルですが、これだとタイミングをとるのが難しい。急激にフェースが返るとヒッカケ、遅れるとフェースが開いて右に飛び出してしまいます。

右ヒジから先と左ヒジから先が左に回る

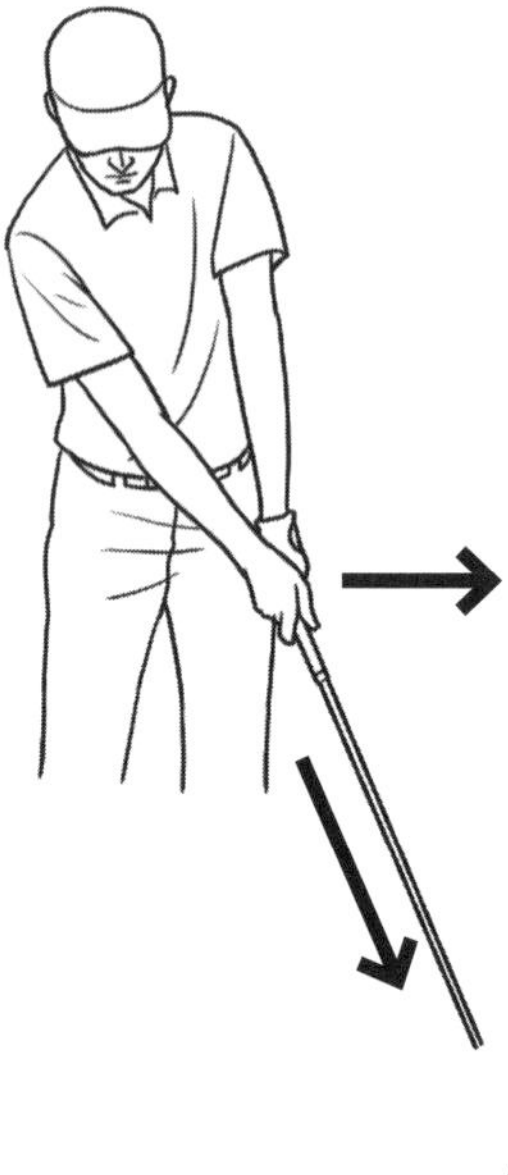

ダウンスイング以降は、右手なら地面に向かってボールを投げる、左手なら甲を目標方向に向けるとクラブが回転。ヘッドがターンしてボールをとらえられる

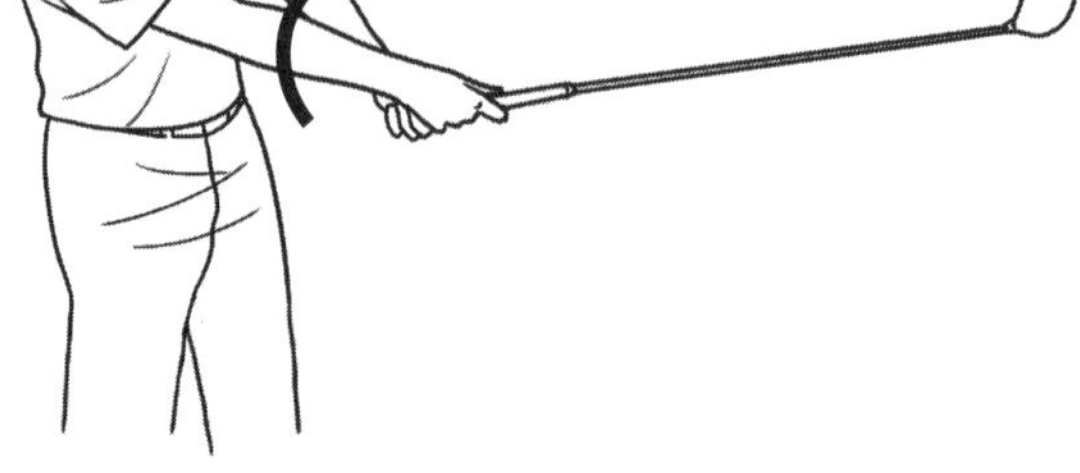

飛ばしのポイント
21
腕の振り

「本当の腕の長さ」を知るともっと飛ぶ

飛ばしには腕の振りが欠かせませんが、腕を振るにあたっては「肩から先が一本のクラブのつもりで振る」と、よくいわれます。こうすればスイングアークが大きくなり、クラブとともに腕もしならせることで飛距離アップが望めるというわけです。

確かにそうですが、腕はもっと長く使うことができます。ほとんどの人は肩口から先を腕と考えていますが、肩からは胸に向かって鎖骨という骨があり、鎖骨と胸の骨である胸骨の間には関節があります。

この関節（胸鎖《きょうさ》関節）から先を腕と考えて

スイングすると可動域が広がり、さらに腕を長く使うことができる。それだけでなく裏側の肩甲骨まわりも動くようになります。

これはボディマッピングといわれる手法で、特に練習する必要はなく、意識して動くだけですからすぐできます。

ボディマッピングには、それまで使っていなかったところが使われはじめるという効果もあります。多少筋肉痛を伴うかもしれませんが、それは動いてきた証拠。イメージとしては、筋肉ではなく骨で打つ感じをもつといいでしょう。

鎖骨と胸骨の関節より先が腕

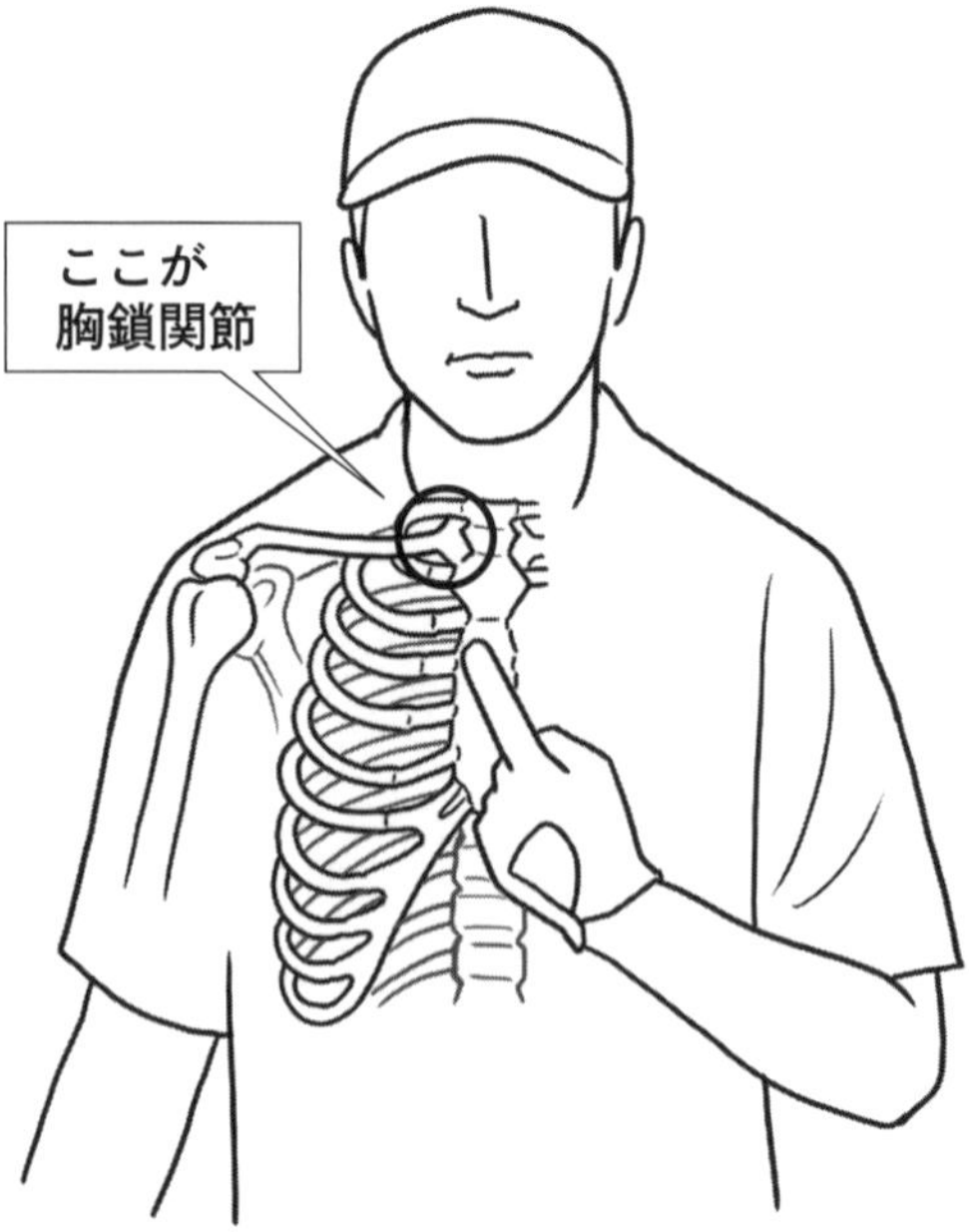

鎖骨と胸骨の関節から先を腕と考えると可動域が広がり、肩甲骨まわりも動くようになる

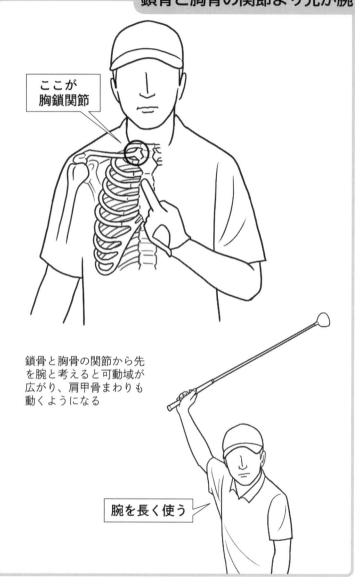

飛ばしのポイント

22

腕の振り

伸ばしたままでも曲げてもＯＫ。腕の使い方は人それぞれ

スイングにおける腕の使い方には〝これが絶対〟といったものはありません。人によって筋力が違えば、長さも関節の柔らかさも違うからです。

よくいわれるのは**「伸ばして使う」**。バックスイングサイドでは左腕、フォローサイドでは右腕をなるべく伸ばして使えるとスイングアークが大きくなり、ダフりやトップもしづらくなります。

メディアで目にするプロのスイングのほとんどはこのスタイルですが、アマチュアにとって腕を伸ばしたまま使うのは容易ではありません。体や肩甲骨まわりの柔軟性がないとクラブが上がっていかないからです。途中までは伸ばせてもトップに向かってヒジが曲がる人が多いことでしょう。

そこまで大きく振る必要はない、という意見もありますが、どうしても曲がる人はそれを生かせばいい。ダウンスイングからインパクトに向かって曲げたヒジを伸ばせれば、ヘッドスピードを上げながらヒットできます。ヒジを曲げたほうが、クラブの重さを感じやすい人もいるかもしれません。**いずれにしろ腕はある程度自由に使ったほうが飛びます。**

腕は伸ばしたままでも曲げ伸ばししてもいい

プロの腕はスイング中に伸びている時間が長いが、アマチュアは簡単にできないので腕は曲がっていい。ダウンスイングからインパクトに向かって曲げた腕を伸ばせればヘッドスピードが上がる

飛ばしのポイント

23

テークバック

ヘッドスピードを上げるならスピーディーにテークバック

飛ばすにはヘッドスピードが必要です。ヘッドスピードを上げる方法はいろいろありますが、プレーヤーが即できるのは、終始自分がなるべく速く動くことです。

このような心がけでスイングしている人も多いと思いますが、アマチュアの場合、ダウンスイングからインパクトだけ速く振ろうとして失敗しているパターンが多い。これだと力が入ってスイング軌道がブレたり、クラブの回転が阻害されてフェースターンが伴わず、フェースが開いて当たってしまいます。

「自分が速く動いてヘッドスピードを上げるには、部分的に速く動いてもダメ」とは、あるドラコンプロの言葉。具体的にはテークバックから速く動かなければいけないそうです。

それには**上体や腕だけ速く動かしても限界があるので下半身を使う。**始動する直前に左足を踏み込んで左に体重を乗せ、次に右足を踏み込む勢いでテークバックすると体全体が使えて速く動けるといいます。

スイングでは「静」から「動」への転換が必要ですが、アドレスで静止した状態から急激にスピードアップするのは困難。予備動作を入れることで、それが可能になります。

飛ばすなら自分がなるべく速く動く

ダウンスイングからインパクトだけ速く振ってもダメ。始動の直前に左足を踏み込んで左サイドに体重を乗せ、次に右足を踏み込む勢いで動くと、体全体が使えて速くテークバックできる

2
右足を
踏み込みながら
テークバック
1
左足を
踏み込む

飛ばしのポイント

24

体重移動

スイング中、体重移動はいるのか、いらないのか？

スイングにおける体重移動も議論の的です。「体重移動するか、しないか？」にはじまり、「どうやるのか？」までさまざまです。

結論からいうと、人それぞれで決まりはありません。試してみて自分に合った方法を選ぶのがベストです。

体重移動を使う場合は、バックスイングで右サイドに体重を乗せ、切り返しで左サイドに体重を移してからダウンスイングするスタイルがオーソドックスですが、ポイントがいくつかあります。

まずは**体重移動する際に腰をスエーさせないこと。**スエーとはバックスイングで右、ダウンスイング以降で左に腰がスライドすることですが、こうなると体重を受け止められないためパワーが逃げます。また、体が大きく左右に揺れてターンが浅くなる。これもパワーがたまらない一因になります。

大事なのは骨盤を右に左に回しながら体重を乗せること。「左のカベ」はダウンスイング時のスエーを防ぐためのもので、このタイプの人は意識する必要があります。右サイドにスエーしやすい人は「右のカベ」も必要になるでしょう。

スエーする人は、スエーしやすい側の足のツマ先を閉じて立つ。右サイドなら右足、左サイドなら左足を閉じて立つことでスエーによるパワーの流出を防げます。

アマチュアの場合、右への体重移動はできますが、左へ移動できない人が多い。当てにいくとそうなりやすいので、ボールは意識せず思い切って振り抜きましょう。

逆に右サイドに乗りづらければ、アドレスの段階で右足体重にしておくといいでしょう。

積極的に体重移動を使って打ちたいタイプなら、バックスイングで右足一本立ちになり、左足を踏み込みながら打つといい練習になります。

体重移動を意識しない打ち方もありです。

両足を揃えて打ってさえ、体重移動は行われます。この場合、重心移動というほうが適切かもしれませんが、いずれにしてもスイングすれば多かれ少なかれ体重は移動する、という発想に基づいたスタイルです。

このタイプのプレーヤーはその場でクルッとスピーディーに回転する人が多い。回転が遅いと飛ばないかもしれませんが、自然になされる体重移動は、両足の内側の範囲に収まりやすいのでスイング軌道が安定しやすくなります。スエーする人はこの方法を試してみるのも手。結果的にミート率が高くなって飛ぶようになるかもしれません。

付け加えると、**ヘッドが下めから入ってすくい打ちになりやすい人は左足体重、上から入ってテンプラになる人は右足体重で打つ練習をするといい。**前者は左足下がり、後者は左足上がりの傾斜での素振りも効果的で過度なアッパー&ダウンブローを矯正できます。

飛ばしのポイント 25

体重移動

「左→右→左」の体重移動が新しい飛ばし方

左サイドに体重を乗せたままバックスイングする方法もあります。

やや左足体重でアドレス。バックスイングでも右足に体重移動せず左足を踏ん張ったままクラブを振り上げます。

こうすると上半身と下半身が引っ張り合う格好になり、トップに向かって肩が回ることで体がしっかりねじれます。

この引っ張り合いをできるだけ持続してパワーを蓄積し、解放したときに生まれるエネルギーを利用して一気に振り抜くわけです。

その際、ダウンスイングでいったん体重を右サイドに落とすのがポイント。その後、体重は再び左サイドへと戻ります。

体重移動の順番は「左↓右↓左」。右足を踏み込みながらインパクトに向かいますが、それは一瞬のことで、最終的には体重が左サイドに乗りながら振るのでフィニッシュでは左足一本で立つ形になります。

左足体重の意識が過剰になるとバックスイングで体全体が左に傾いてしまうので要注意。ダウンスイングで右体重になるリバースピボットになります。

終始、左足体重のままでも打てますが、ドライバーだとヘッドが上から入ります。ダウンブローになってボールが上がらない、あるいはテンプラのリスクもあります。

飛ばしのポイント

26

地面反力

使えるともっと飛ぶ!?「地面反力」とは?

なかなか意識できませんが、我々がなにかを押すと、それに対して押し返される力が働きます。両手でカベを押しても動きませんが、それはカベから同等の力で押し返されているからというわけ。作用と反作用の関係と考えればいいでしょう。

地面を踏んづけても同じで、踏んだのと同じ力で地面から押し返されます。この力が地面反力で、人間が歩いて前に進めるのは地面反力のおかげらしいのです。

地面反力を使ってスイングするとは、地面を踏みつけることで生じる反力を、スイングに必要な回転運動に転化してスイングスピードをアップさせるということです。

たとえば、切り返しで左足を踏み込むと、同量の力で地面から押し返されて左足が伸びます。そこで生まれるエネルギーが体を回転させるエネルギーに転じてヘッドスピードが上がるというわけです。

そのメリットは筋力以上の力を使えること。理論的には今のパワーのままで、今以上に飛ばせますが、今の自分の力をしっかり使うことが大前提になります。

そのために欠かせないのが下半身。プロは

みんな下半身を使う意識でスイングしています。これに対しアマチュアは上半身を意識している。飛ばない人ほどそうで、練習でもラウンドでも上半身の動きを気にします。

まずは上半身のことを頭から外し、下半身のみに意識を向けましょう。これだけでも下半身を使えるようになります。上半身から力が抜けてスムーズに動くようになり、キネマティックシークエンスに近づける可能性があるのです。

そもそも地面反力は自然発生するものなので、そのため特別にやることはありません。あえていうなら、**切り返しで左足で強く地面を踏むこと。**地面反力を受けると左ヒザが伸びて大なり小なりジャンプするような動きが入り、躍動感のあるスイングになります。こうなった頃には飛距離も伸びているでしょう。

飛ばしのポイント

ジャスティン・トーマスをはじめ、アメリカＰＧＡツアーには明らかにジャンプしながらボールを打っているプレーヤーがたくさんいます。ジュニアゴルファーもしかり。力のないジュニアは全身を使って打たないと飛びません。そうすると自然に地面反力を使うことになり、インパクトからフォローで左足が伸びます。その場でジャンプしながら打つプレーヤーもよくいます。

地面を踏み込む力が大きいほど地面反力は大きくなります。ジャンプしながら打つのはその表れで、意図的にやっているわけではありません。ジャンプしながら打てば飛ぶ、という発想は短絡的。まあ、そうすることで地面反力が使えるようになる人もいるかもしれませんが、できても一時的で、恒常的な動きにはなりません。

飛ばしのポイント

27

スイング軸

体重移動を使って飛ばすなら二軸スイングのイメージ

体重移動を積極的に使って飛ばすスタイルには“**二軸スイング**”のイメージが有効です。すなわち、バックスイングでは右サイドに軸を意識する。右足を軸と考え、そこを中心に思い切って体を右に回します。右足軸がブレなければ頭が右に動いても構いません。右足一本立ちで体を右に回すイメージです。

切り返し以降は左サイドに体重を移動。同時に軸を左足に移し、軸を中心に思い切って体を左に回転させます。こちらは左足一本立ちで体を左に回すイメージです。

バックスイングは右足を軸に右回転、ダウンスイングは左足を軸に左回転、と覚えておけばいい。速く回転する、下半身リードで振る、といった意識は不要。軸の移動と回転だけに集中しましょう。

頭がかなり左右に動く感じになりますが基本的にはそれでOKです。むしろ大事なのはタイミング。軸の変換を躊躇《ちゅうちょ》せずに行って淀みなく振れれば当たります。

アドレス時の左右の体重配分が5：5だとしたら、バックスイングでは8：2で右足体重、ダウンスイングでは同じ割合で左足体重になる感じです。

バックスイングでは右軸
切り返し以降は左軸

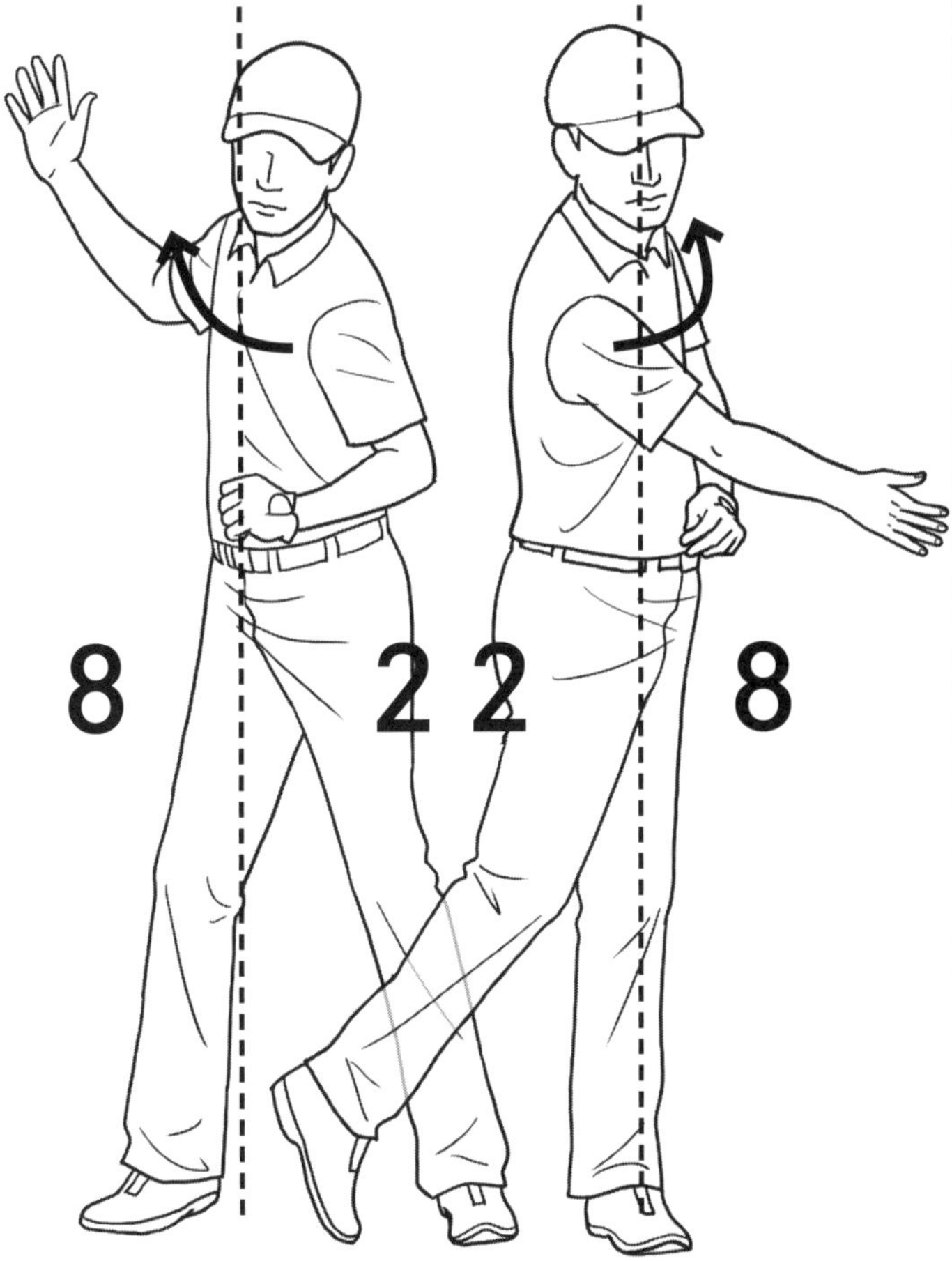

バックスイングでは右足を軸と考え、右足一本立ちで体を右に回す。切り返し以降は軸を左足に移し、左軸で体を左に回転。左足一本立ちで体を左に回す

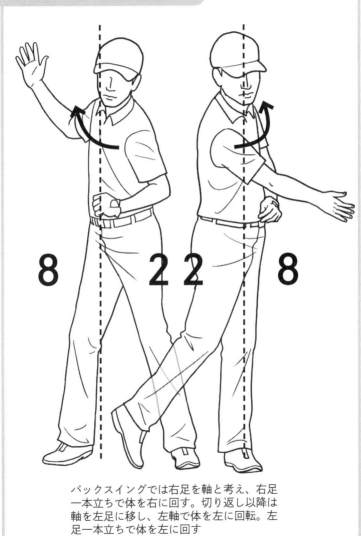

飛ばしのポイント

28

スイング軸

回転スピードで飛ばすならスイングは一軸のイメージ

体重移動を意識せずに飛ばすにはスイングスピードのアップが不可欠。それにはスイング中の体の回転スピードを上げることです。有効なイメージは **〝一軸スイング〟**。最もイメージしやすいのは背骨を軸と考え、そこがなるべく動かないようにスピーディーに体を回します。

とはいえ軸が微動だにしない、というのは無理。なぜなら体重移動を考えなくても、バックスイングでは右足内側や右股関節に、ダウンスイングでは左足内側や左股関節に体重が乗ってくるからです。

また、スピーディーに振ることが主目的なので、クラブを高い位置まで運んだり、上体を深く捻転させるといった意識もいりません。回転が深くなるとスピードが削がれますから、バックスイングは適度でいい。

大事なのは切り返し以降でスピードアップすること。 その場でクルッと回りますが、速く振ろうとすると上半身に力が入りやすいので下半身を意識する。具体的には腰を素早く回すといいでしょう。体重移動を積極的に使った場合に比べるとコンパクトなイメージのスイングになります。

スイングスピードをアップする

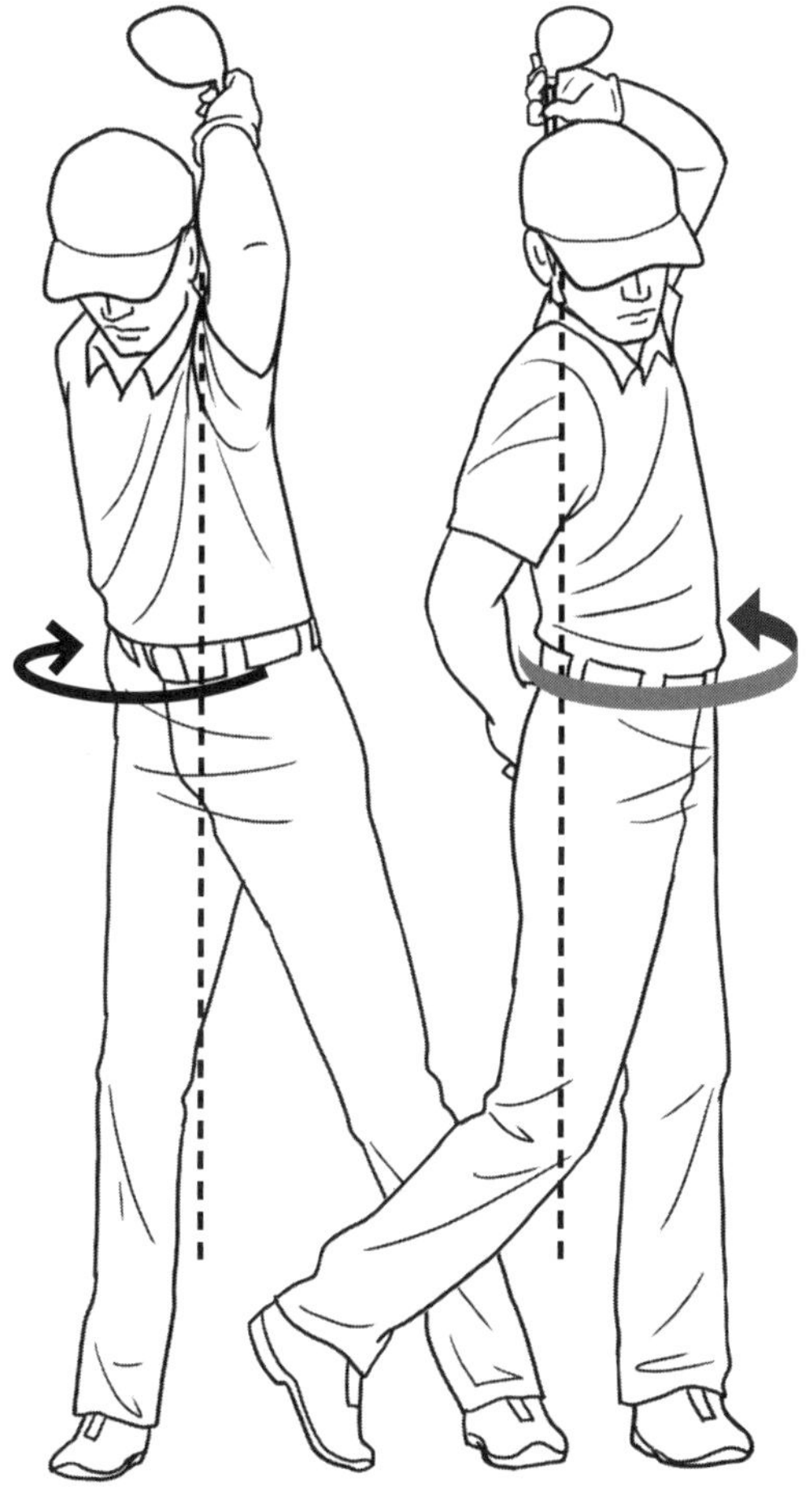

背骨を軸と考え、軸がなるべく動かないようスピーディーに体を回す。高いトップを作ったり上体を深く捻転させる意識は不要。その場でクルッと回るイメージで腰を素早く回す

飛ばしのポイント
29
飛球矯正

出球が左でさらに左に飛ぶ人は下半身で直す

アドレスで左を向いていないにもかかわらず、左から左へ飛ぶ人のほとんどは、上体や腕に頼ったスイングになっています。

ダウンスイングでヘッドが先行してアウトサイドイン軌道になり、そこに上半身の力が加わるので左にしか飛ばない。地面にあるボールを打つ場合はダフりそうな気がするので、今度は体が伸び上がる。結果、トップやチョロを招きます。

これは上体や腕から力を抜くことで解決できますが、下半身を使うようにすることで飛距離をロスせずに修正できます。

たとえば、現状が上半身7、下半身3のバランスなら下半身だけ出力を上げる。「腰を切る」とか「左に体重を移しながら振る」といったように**下半身への意識を促す**といいでしょう。

ラウンド中ならツマ先下がりの傾斜での素振りがおすすめ。このライではヒザを曲げて重心を下げるなど、下半身を意識しないとヘッドがボールに届きません。芝を擦《こす》れば上体に偏ったスイングは解消されています。要は正しい運動連鎖ができていない、ということなのです。

上体や腕に頼ったスイングを修正して
スイングスピードをアップする

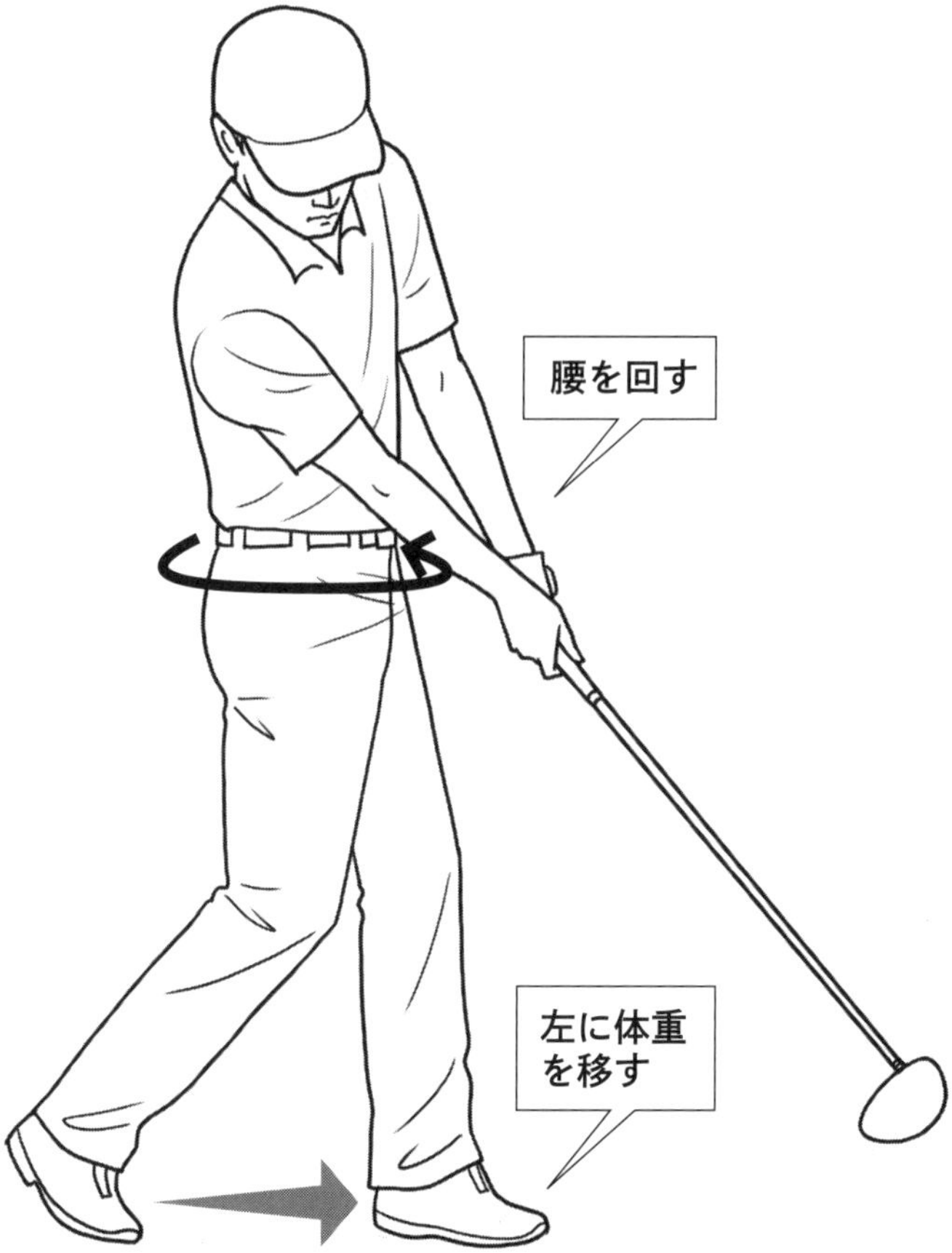

上体や腕から力を抜くよりも下半身を使うようにする。「腰を切る」「左に体重を移しながら振る」などをキーワードに下半身への意識を促す

飛ばしのポイント

30

飛球矯正

出球が右でさらに右に飛ぶなら水平に回って手を返す

出球が右で、その先も右に飛ぶ人はインサイドアウト軌道で振っており、さらにインパクトでフェースが開くため、右から右へのボールになります。

これを直すには水平回転の素振りが有効。 バットを振るようにヘッドを高い位置に上げて素振りをします。

というのも、インサイドアウト傾向の人は、スイング中に左肩が上がりやすい。右肩が下がるともいえますが、こうなるとスイング中に体が大きく傾いて回転が阻害されます。フェースターンも行われないため右から右への打球になるわけです。

水平素振りをすると右肩が上下するのを防げます。またフェースをターンさせないと振り切れないので、クラブも正しく動きはじめます。

おすすめの練習法はティアップしたボールをアイアンで打つこと。ラウンド中ならツマ先上がりのライで素振りをする。こちらもアイアンで芝を擦るように振ればOKです。

イメージ的には右に打ち出してドローを打つ感じ。右に出るからと、左に打ち出そうとすると深みにハマります。

インサイドアウト軌道＆オープンフェースを修正

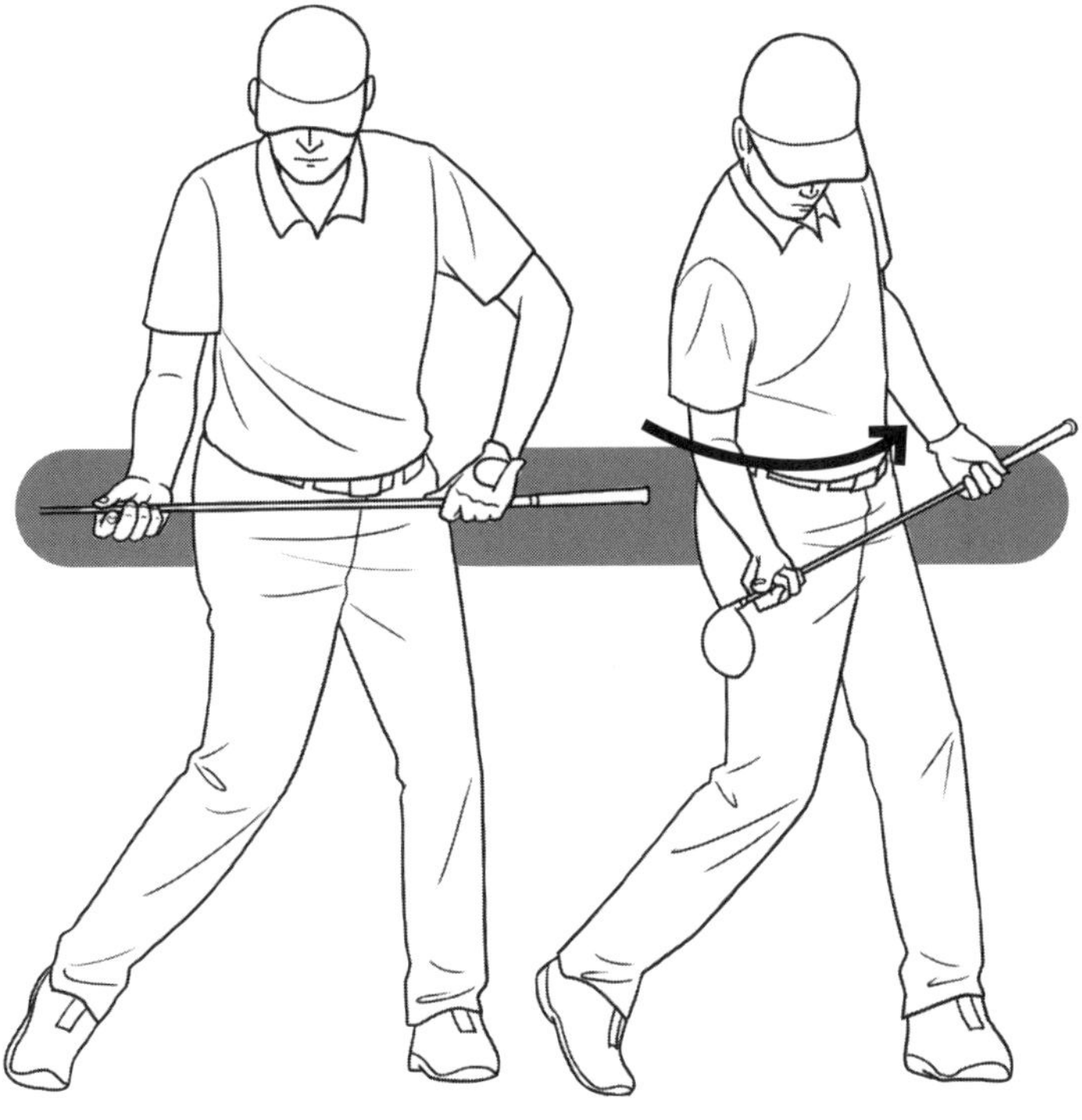

水平回転の素振りが有効。バットを振るようにクラブを体の前で構え素振りをする。右肩の上下動を防げるとともにフェースをターンさせないと振り切れないためクラブが正しく動く

飛ばしのポイント

31

インパクト

しっかりボールを叩ければフィニッシュで右足体重になってもOK

左足体重でインパクトすると強く打てる気がしますが、必ずしもそうではありません。**人によって力が入りやすいサイドは違いますから右足体重でインパクトしてもいい。**どちらが飛ぶか、つまり自分に合っているかを見極めることが大事です。

インパクトからフォローで左ツマ先が開き、のけぞるようになって目標方向を向く、いわゆる〝明治の大砲〟スタイルになる人は、右足体重で打ったほうがいいかもしれません。

ただ、あまりに早く左足が上がってしまうようだと飛びませんから、少なくともインパクトまでは左足を地面につけておく必要があります。これができれば右足に体重が残っても力が出ます。

左足体重で打つ人の中には、バックスイングで体重が右足に乗りづらい人もいますが、そんな人も無理に右に乗せる必要はありません。

つまりは、いかにインパクトで力が入るか。一朝一夕で持ち球が変わらないように、右足体重で打つか左足体重で打つかも、もって生まれた個性。過度に偏らなければナーバスになることはありません。

右足体重でインパクトしてもいい

インパクトからフォローで左足が開いて目標方向を向くスタイルになる人は右足体重で打ってもいいが、インパクトまでは左足を地面につけておく
インパクト
フォロー
右足体重でOK！

飛ばしのポイント 32 スイング

「しっかり振り切る」が飛ばしの大前提

ゴルフをしていると誰もがカベにぶち当たりますが、そうなると動きが小さくなります。はじめは「行き先はボールに聞いてくれ！」といわんばかりにブンブン振っていた人も、ラウンドを重ね、痛い目に遭っていくうちに、どんどん振りが鈍くなる。曲がったり、OBの怖さが先立って、いわゆる〝当てにいく〟スイングになってしまいます。

また、今はスイングデータが手軽に採れる時代になりました。どのようにボールが飛んでいるかはもちろん、スイング中、どんなふうに体が動いているかまで可視化できます。データを計測しながらスイングを作っている人も多いでしょう。

もちろん悪いことではありませんが、なにかに合わせようとすると思いきって動けなくなることは否めません。いずれにしろ飛ばない人のスイングは十中八九これ。しっかり振れなくなっています。

ドライバーは飛ばすためのクラブで、しっかり振ってナンボ。多くのプロがアマチュアに「振り切れ！」とアドバイスを送ることからも明白です。**飛ばないとお嘆きの方は、今一度原点に立ち返ってしっかりクラブを振ってみましょう。**体を使って打つとはそういうこと。全身を使ってスイングするのが飛距離アップの大前提です。

第3章

スイングは今のまま アドレスを見直して飛ばす！

飛ばしのポイント

33

ボール位置

一番力の伝わるところが最適なボール位置

ドライバーのボール位置は左寄り。「左カカト延長線上」がなかばセオリー化しているようです。

しかし、この位置だとスタンス幅の広さによってボール位置が変わります。スタンス幅を広くとる人はより左に、狭ければ体の中心に近づきます。おまけにアマチュアはいつも同じ幅で立てませんから、ボールの位置が決まっているようで決まらない。これはドライバーショットを安定させるうえで大きなマイナス要素です。

左カカト延長線上と教えるプロも多い中で、別の目安を設けているプロもたくさんいます。よくあるのは**「左ワキの下」**。目安を足元ではなく体に設けることで、スタンス幅に左右されなくなるのでボール位置が一定になります。左カカト延長線上よりも、やや体の中心に近づきますが、もっと右に置いているプレーヤーもいます。

アッパー軌道でボールをとらえるのがドライバーなのはみんな同じ。それなのに、どうしてこのような違いが生まれるのでしょうか？　それは**ボールに一番力が伝わるポジションが人それぞれだからです。**

たとえば右足前でインパクトするイメージをもっている人は、左カカト延長線上より内側にボールがあったほうがいいですが、かといってあまりに右すぎると打てません。松山《まつやま》英樹《ひでき》プロをはじめアメリカＰＧＡツアーには、ボールをかなり右に置いているプレーヤーが多いですが、これは体の回転スピードが半端なく速いから。さらにそれを司る強い筋力がないと打てません。

ボールはいつも同じ位置にあることが大事ですが、それ以前に、今のボールポジションが自分にとって最もふさわしい位置なのかを見極めることが先決です。

今、左カカト延長線上に置いているなら、やや右寄りにしたボールも打ってみましょう。意外と当たるかもしれません。最適と思われる位置が見つかったら、スタンス幅ではなく、

飛ばしのポイント

上体に対するボール位置を把握する。そのほうが同じポジションに置きやすくなります。

参考までに記しておくと、積極的に体重移動を使ってスイングする人には、左寄りのボール位置が向いています。ダウンスイング以降で、少なからず体が左に平行移動する感じがあるからです。左カカト延長線上も、どちらかといえばこのタイプに向いているといえるでしょう。

これに対し、その場でクルッと回り、回転スピードを上げてスイングするタイプは、やや右寄りにしてみるといい。左カカト延長線上では左すぎて、ボールに当てにいく形になっているかもしれません。

飛ばしのポイント 34

グリップ

グリップエンド側を1～2センチ余らせて握る

ドライバーで飛ばそうとすると、クラブを目一杯長く持ちがち。確かに長いほうがヘッドの遠心力は増大しますが、一方でタイミングがとりづらくなることも事実。当たり方が不安定な人はなおさらです。

なにより、目一杯長く持ってしまうとスイング中にクラブを支えられなくなります。

ドライバーは軽く振っても相当な遠心力がかかります。クラブが手に正しく留まらないと遠心力に振り回されてうまく当たりません。おおむねリリースが早くなって外からクラブが下りてしまう。だからといってギュッと握ったらクラブの動きを邪魔します。

そこで必要なのがクラブを支えること。**グリップエンド側を1～2センチ余らせて握ると、切り返しからダウンスイングでグリップエンド側が小指の下の手のひらにある土手のような部分に引っかかり、リリースが早まるのを抑えられるのです。**

また、**長いドライバーはちょっと短く握っただけでグンと振りやすくなります。**振りやすいということは、ヘッドスピードが上がりやすいということ。短くなった分ミート率アップも期待できます。

長く持って当たる確率の低いスイングをするか、短く持って当たりやすいスイングをするか？ 後者ならクラブが飛ばしてくれます。

飛ばしのポイント 35

ティアップ

ティアップの高さは常に一定にする

ティアップの高さは人それぞれ。**高くても低くてもOKですが、高さがまちまちになるのは避けたい。**スイング軌道が安定していても、その都度高さが変わったのでは打点が安定しません。そのうちに当たらないのはスイングのせいだと思い、必要のないところに手を加えて墓穴を掘ることになります。

いうまでもなく、ドライバーではヘッドが上昇する過程でボールをとらえます。そう考えると高めがいいと考えがちですが、これは左右のボール位置によっても変わります。

一般的には左カカト延長線上がドライバーのボール位置といわれます。そこであればやや高めでもいいですが、右寄りに置く人は高すぎるとテンプラになるかもしれません。まずは自分に適したボール位置を見つけることが大事です。

高さを一定にするにはティに印をつける、途中にフシがついたティを使うなどといった方法がありますが、プロは人さし指と中指でティを挟んだ状態でボールを持ち、地面と薬指の先が接触する感覚で高さをコントロールする人が多いようです。打ちたい球筋によって高さを変えるので、この方法が合うのです。

いわずもがなですが、ティアップする場所と足場は平らがベスト。できるだけ平らなところを探してティアップしましょう。

飛ばしのポイント

36

セットアップ

右手でクラブをセットしてふところに余裕を作る

スイングアークをできるだけ大きくするのは飛ばしのポイントのひとつですが、動きはじめてしまったらできることはごくわずかなので、なるべくセットアップでお膳立てしておきましょう。

やることは簡単で、**右手一本でクラブを持った状態からアドレスに入ることです。**手順としては、右手でクラブを持ってフェースを合わせてから左手を添えてグリップする。こうすることでふところに余裕ができて、大きくゆったり構えられます。

肩のラインも右に向きづらい。アマチュアはアドレスで右を向きやすいですが、これを未然に防げます。さらにフォローで大きく振り出しやすくなります。

感じがわからなければ、一度左手からアドレスに入ってみてください。左手は体に近いほうの手になるのでふところが狭くなります。また、肩のラインが右を向きやすい。感覚的にはクローズの構えになり、スイングも窮屈に感じるはずです。

ふところに余裕ができると上体も丸まらず適度に背《せ》筋《すじ》を伸ばせます。腕や肩からも力が抜けやすくなるなどいいことずくめです。

セットアップで飛ばしのお膳立て

右手一本でクラブを持ちアドレスに入ると、ふところに余裕ができてゆったり構えられる。肩のラインも右に向きづらくフォローで大きくクラブを振り出せる

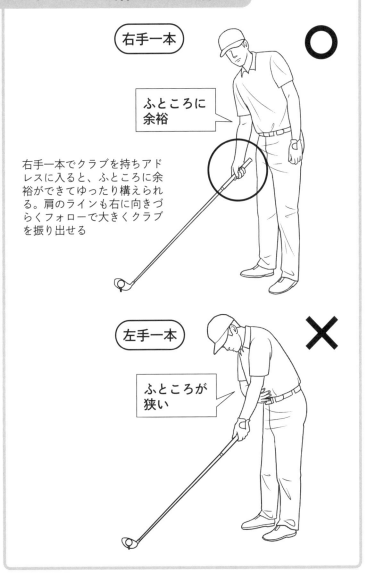

飛ばしのポイント

37

スタンス

スタンスラインはアバウトでいい

飛球線後方からプロのアドレスを見ると気づくことがあります。スタンスラインの向きがさまざまで、必ずしもターゲットに対してスクエアではないことです。インテンショナルにスライスやフックを打つときにはスタンスの向きが変わりますが、普通に打つ場合でもオープンやクローズドになっているのです。

というのも、プロはアライメントありきで立たないから。

アマチュアはボールとターゲットを結ぶターゲットラインをイメージし、それに対してスクエアになるようスタンスラインを揃えるのがもっぱらですが、プロはまず弾道をイメージします。ターゲットに対して右から曲げるか左から曲げるかを考える。真っすぐ狙うこともありますが極めて少なく、必ず左右どちらからかの球を打ちます。その球筋に合わせて立つため、いわゆるスクエアスタンスにならないのです。

また、球筋には関係なくドライバーは常にオープン、あるいはクローズドスタンスのプレーヤーもたくさんいます。**スタンスラインはアバウトでいい。振りやすさを優先したほうが飛びます。**

プロのスタンスは必ずしもスクエアでない

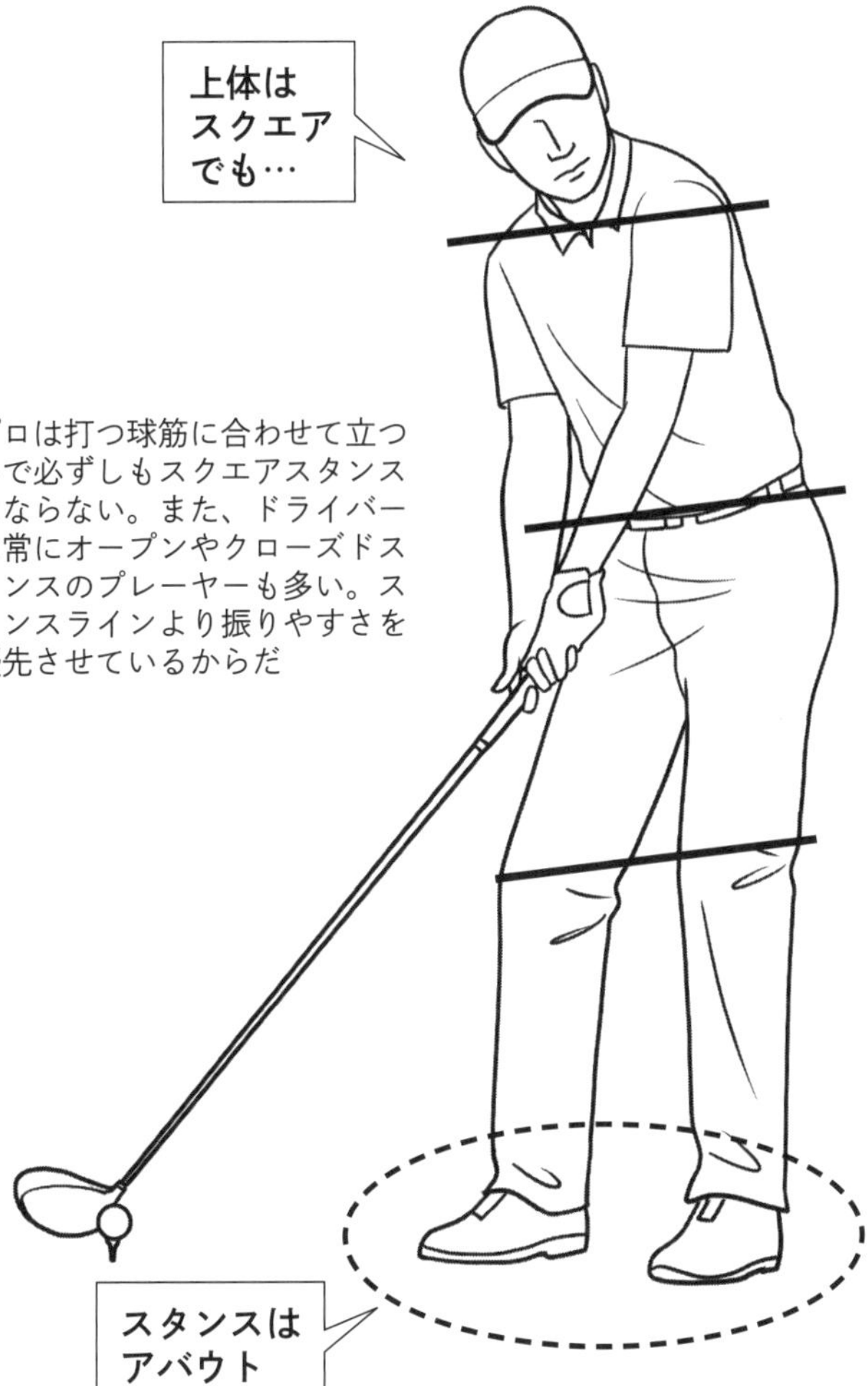

プロは打つ球筋に合わせて立つので必ずしもスクエアスタンスにならない。また、ドライバーは常にオープンやクローズドスタンスのプレーヤーも多い。スタンスラインより振りやすさを優先させているからだ

飛ばしのポイント

38

アドレス

アドレスはオールスクエアにこだわらなくていい

前項でアドレス時のスタンスラインについて触れたように、ほとんどのアマチュアゴルファーはターゲットラインに対してスクエアに立たなければいけないと思っています。それもスタンスラインだけでなく、ヒザ、腰、肩のラインもすべてスクエアにする、いわゆるオールスクエアを目指します。

でも、どうでしょう。そのアドレスは本当にオールスクエアでしょうか？　また、スイングしづらくないでしょうか？

前者については誰にもわかりませんが、後者についてはわかるはず。大半のゴルファーが振りづらさを感じているはずです。

方向性重視で距離は番手でコントロールするアイアンならまだしも、飛距離重視のドライバーにはそぐわない。であるなら、振りやすさを重視して構えるべきです。

そこでポイントになるのが上半身、特に肩のラインです。すなわち、**両肩を結ぶラインはスクエアにする必要がありますが、それ以外はアバウトでいい。**こうすると縛りが外れた感じになってブンブン振れます。もちろん飛距離もアップする。それで曲がってきたら微調整すればいいのです。

オールスクエアはスイングしづらい

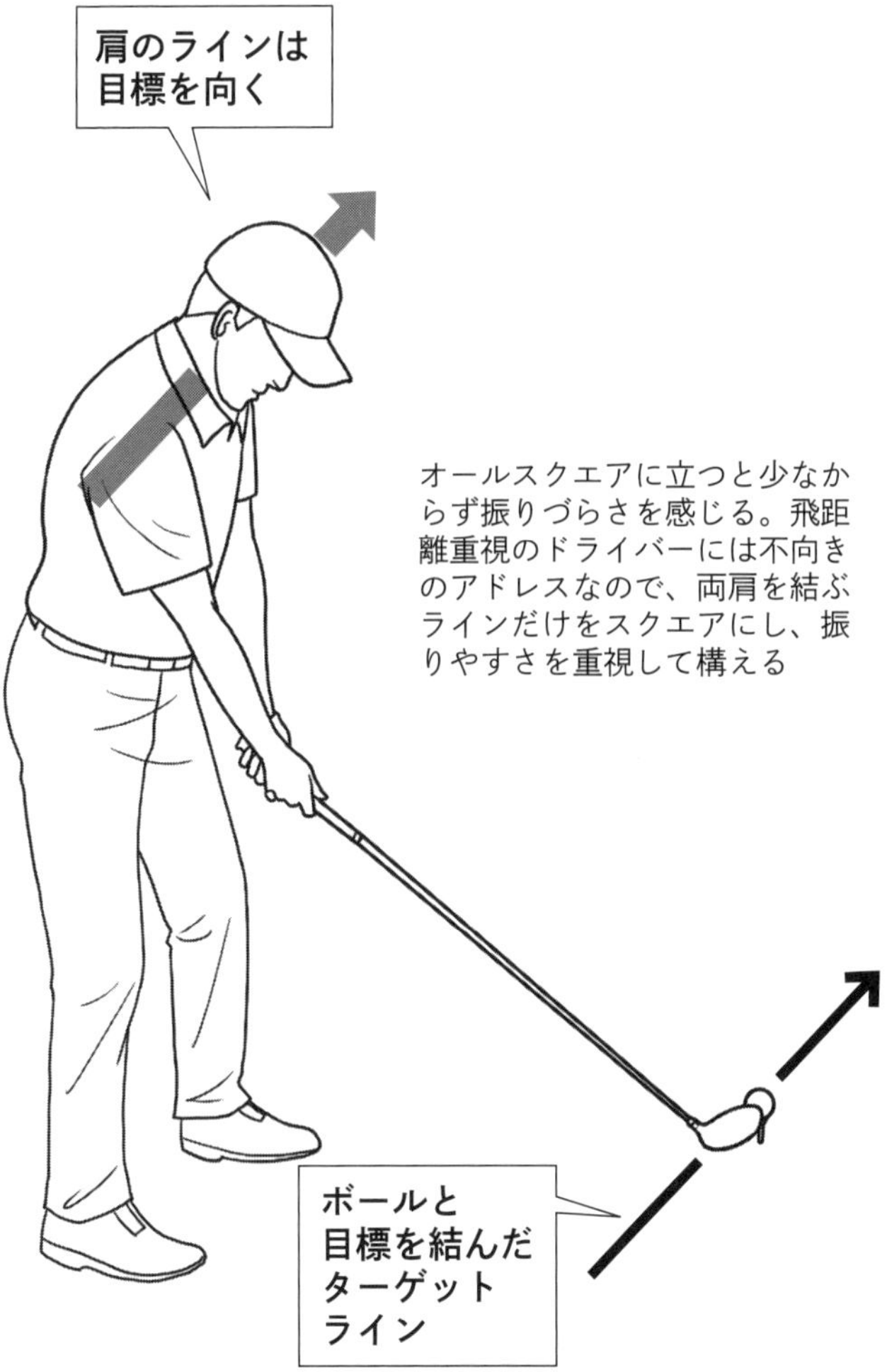

オールスクエアに立つと少なからず振りづらさを感じる。飛距離重視のドライバーには不向きのアドレスなので、両肩を結ぶラインだけをスクエアにし、振りやすさを重視して構える

飛ばしのポイント
39
ワキのしめ
両ワキはヨコからでなく上からしめる

スイングのキーワードに「ワキをしめる」というのがありますが、これはなかなか厄介で、正しくワキがしまっていない人が多いようです。

よくあるのは両ヒジから上の上腕部をピタッと体の側面につけてしまうパターン。これだと途中からクラブが上がりません。ギュッとくっつけてしまうとなおさらで、クラブの動きを抑制することになります。

アドレスでは、クラブをグリップするため両腕が前に出ます。その時点で両ヒジは体の側面から離れます。**つまり「ワキをしめる」とは文字どおりワキだけしめることなのです。感覚としては体のヨコからしめるのではなく上からしめる。**両腕を振りかぶり、グリップしながら手を下ろすと、両上腕部の内側が胸の上に乗る感じになり、胸と上腕の接触部分がキュッとしまります。両ヒジは自然と体の前に出て、ヒジから先の前腕部は自在に動く。これが正しくワキがしまった状態です。

実際に動くとわかりますが、これなら体の動きに合わせてクラブが上がる。前腕から力が抜けるのでクラブの重さを感じることもできます。

飛ばしのポイント 40

グリップ位置

体と手の間隔はコブシ1個分程度が目安

手は近すぎも遠すぎもダメ！

体と手の間隔の目安はコブシ1個分程度。狭いとインパクト前後で詰まり、広いと腕と体が連動しない

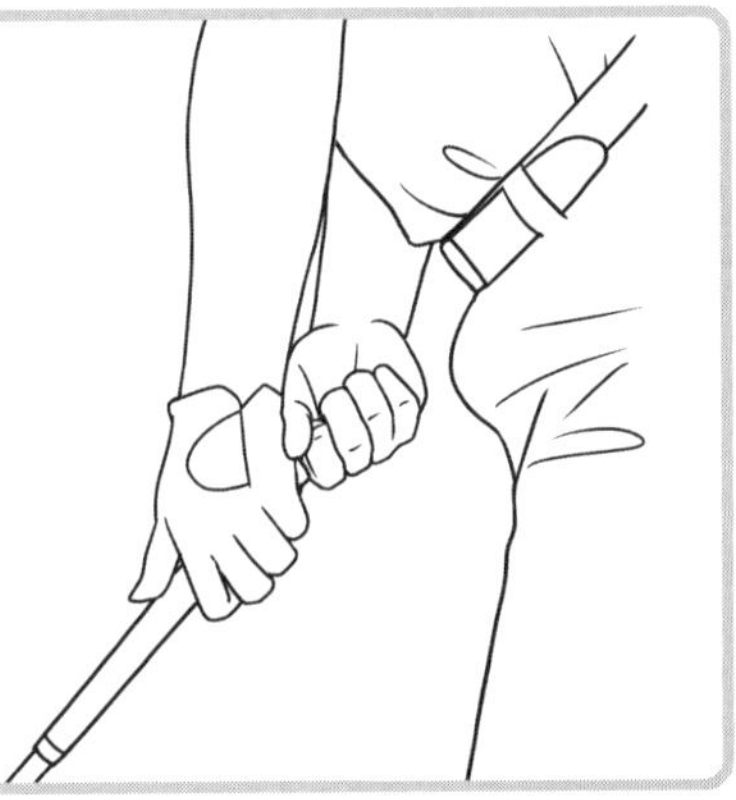

前項で紹介したようにワキをしめ、前傾して両腕を真下に垂らしたところがグリップ位置の目安です。

このとき**体と手の間隔はコブシ1個分程度。**狭いとインパクト前後でスイングが窮屈になる。広すぎると腕と体が連動せず、クラブがスイングプレーンから外れやすくなります。

ワキが正しくしまっていないと手元が前に出るので間隔は広くなります。前傾角度が深い人も広くなりますが、こちらは手が前に出すぎなければいいでしょう。

アマチュアの場合、離れすぎている人が多い。プロのアドレスを見ると、その近さに驚くかもしれません。

逆に近すぎる人のほとんどは、アドレスで棒立ちになっています。前者はフック系、後者はスライス系の球が出やすくなります。

飛ばしのポイント

41

アドレス

上体を起こし気味に大きく構える

飛ばし屋のアドレスは大きく見えます。**構えを大きくするには、上体を起こし気味にアドレスするのがおすすめ。**両足を広げてスタンスを決めたら、反り腰にならない程度に、お尻を軽く後ろに突き出します。次にヒザをゆるめる。曲げるのではなくゆるめるだけでOKです。同時に背中を丸めないように骨盤を前傾させます。あとは正しくワキをしめ、両腕をだらんと垂らしたところでクラブを持てばいい。顔をボールに向けると頭が前に出て背中が丸まるので、ボールは下目使いで見ましょう。

アドレスはスイングを映す鏡。「うまいかヘタかはアドレスを見ればわかる」とプロはいいます。また、うまい人のアドレスを見ると、打ちたい球もわかるそうです。

そんな目で見ると、アマチュアのアドレスは、どんな球を打ちたいのかわからない。これは結構致命的で、アドレスとスイングが連動しない、いいかえれば振りづらい構えになっていることを示唆しています。

飛ばすにはスイングアークを大きくするのがひとつの方法ですが、それには大きく構えなければいけません。たとえ体が小さくても、

振りづらい構えになっていないか？

スイングアークを大きくするには大きく構える。上体はやや起こし気味にアドレス。反り腰にならない程度にお尻を軽く後ろに突き出す

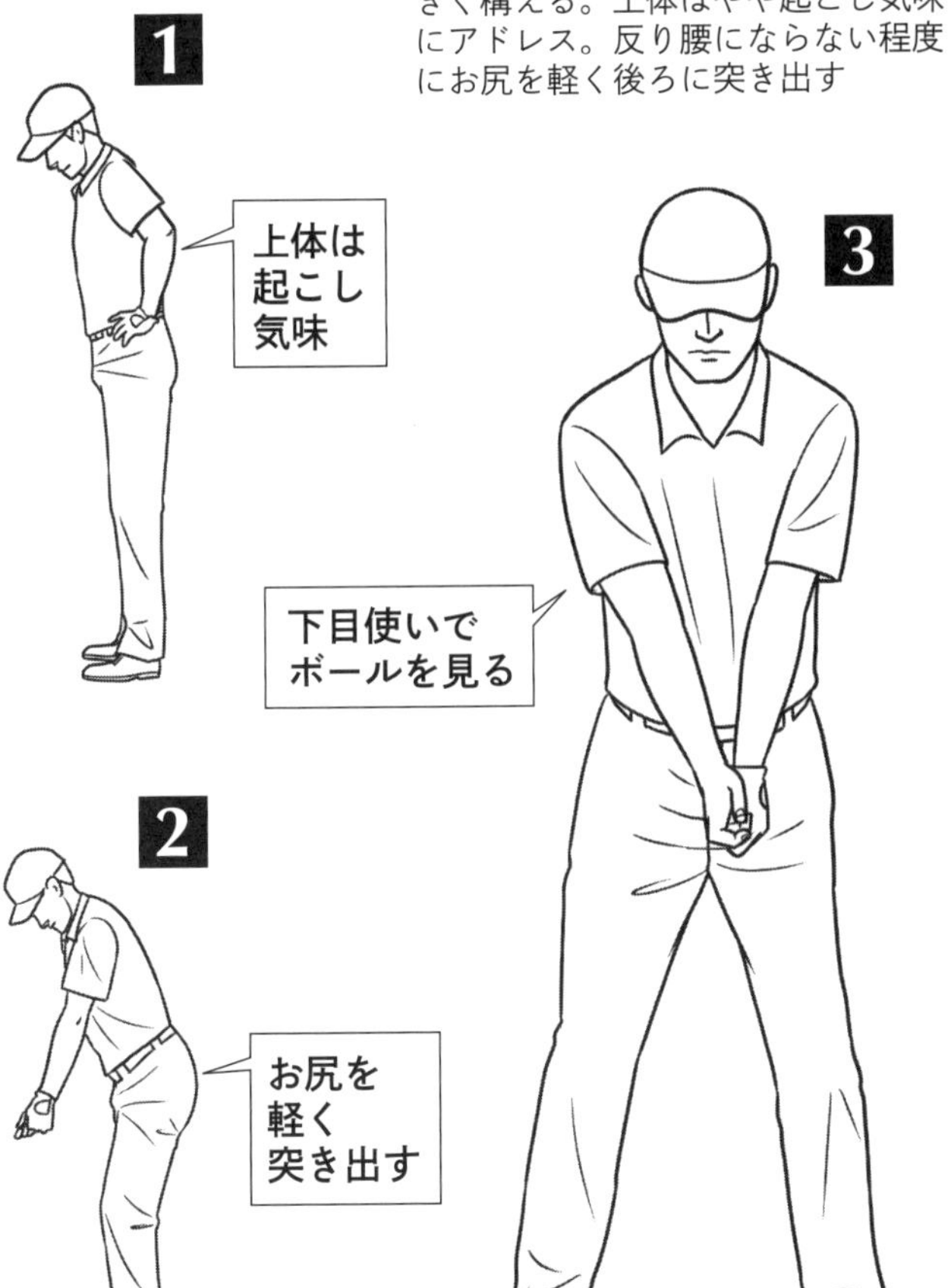

飛ばしのポイント

42

ボール位置

ボールとの距離を一定にするにはアドレス時のライ角を意識

ボールとの距離もすごく大事。近すぎるとインパクトで詰まり、遠すぎると当てにいきます。

いつも一定にするにはアドレス時のライ角を利用する。ボールの手前に立ち、自分なりの手順で構えてクラブをソールしたら、ライ角を変えないように数歩前に出てフェースをボールに合わせます。

このようにして慣れてくると、はじめからボールにフェースを合わせてもライ角どおりに構えられ、ボールとの距離が常に一定になります。

ヒジの位置を基準にする方法もあります。84ページで紹介したように、正しくワキをしめてアドレスすると両ヒジのポジションが決まります。ここがいつも一定になれば、グリップやクラブヘッドの位置も一定になる。これらの位置関係を変えずにフェースをボールに合わせればボールとの距離も一定になるわけです。

いずれにしても大事なのはクラブのライ角。アップライトは近く、フラットは遠くなる。両極端に構えてみて適度な距離を見つけてもいいでしょう。

ソールしたらライ角を保って前へ

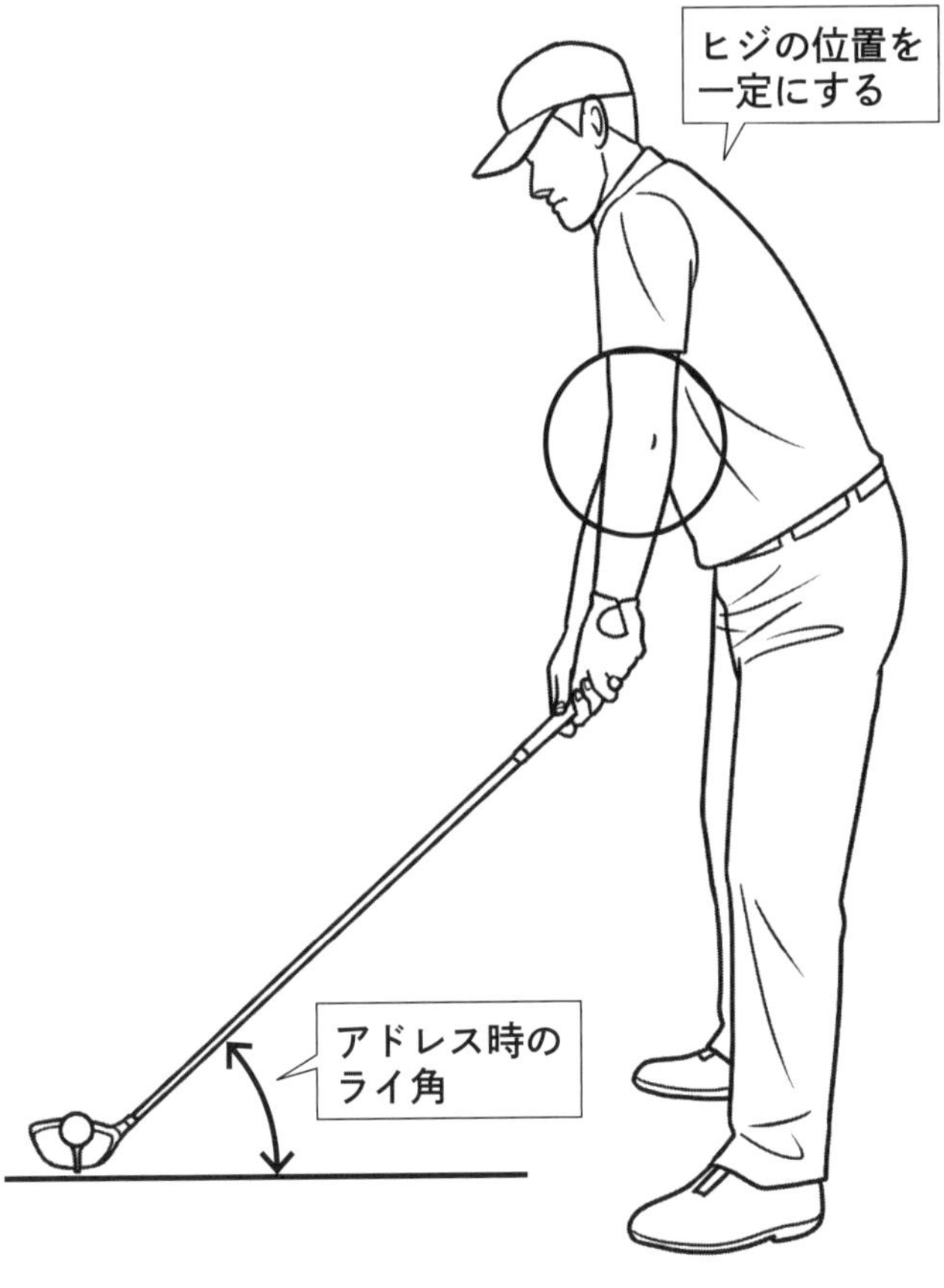

ボールの手前にヘッドを置き、ライ角を変えないように前に出てフェースをボールに合わせる。慣れるといきなりボールにフェースを合わせてもライ角どおりに構えられる

飛ばしのポイント

43

スタンス幅

スタンス幅はスイングタイプで決まる

スタンス幅について特に決まりはありません。大柄な人は広く、小柄な人は狭い、といったイメージがあるかもしれませんが、必ずしもそうではありません。

左右するものがあるとすればスイングタイプ。**体重移動を使うタイプは広め。回転スピードを上げて打つ、あるいは軸を意識して打つタイプは狭めが向きます。**

どの程度開くのかも人それぞれですが、両足の内側が肩幅と同じになるくらいの幅から広げたり狭めたりして最終的に振りやすい幅を決めるといいでしょう。

フィニッシュからさかのぼって決める方法もあります。バランスよく振り切れるとフィニッシュがピタリと決まり、スッと立ったままでいることができますが、まずこの形を作る。そこからスイングを巻き戻すようにしてゆっくり右に振ってアドレスまでいき、そのときのスタンス幅にします。

付け加えると、両ツマ先を開いて〝逆ハの字〟に立つと体が回りやすくなります。バックスイングでスエーしやすければ右ツマ先、ダウンスイングでスエーしやすければ左ツマ先を閉じ気味にすると防止効果があります。

体重移動を使う人は広め
回転で打つ人は狭め

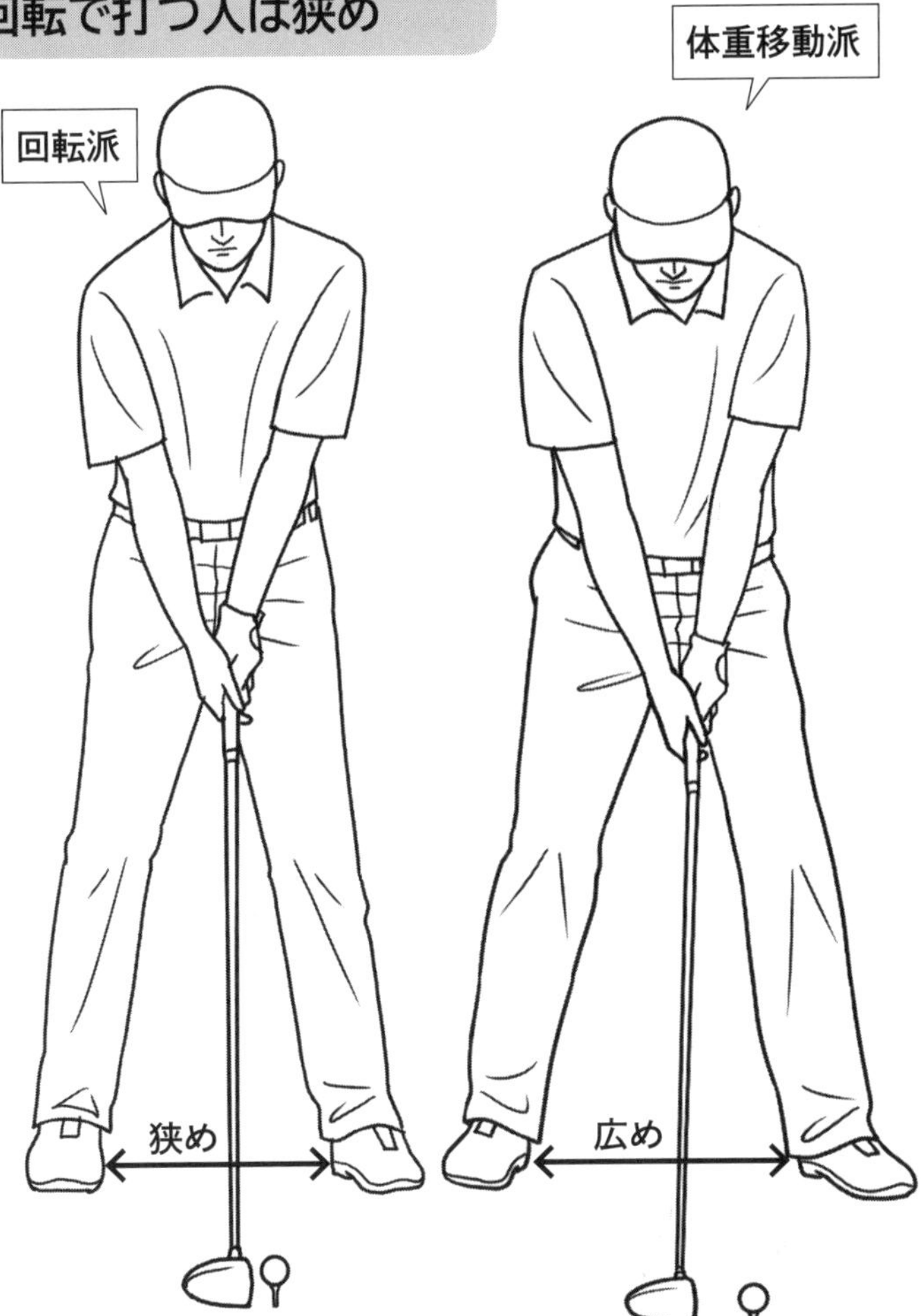

適正なスタンス幅を見つけるには、両足内側が肩幅と同じになる幅から広げたり狭めたりして振りやすい幅を決める。フィニッシュできれいに立てるスタンス幅でもいい

飛ばしのポイント

44

フェース向き

フェースはやや左向きがスタンダード

アドレス時のフェースの向きはプロでもさまざま。オーソドックスなのはスクエアですが、オープンにする人もクローズにセットする人もいます。

オープンに構える人は積極的にフェースの開閉を使うタイプ。パーシモンヘッドだった時代はみんなこうでしたが、ヘッドが大きくなってターンしづらくなった今は少数派です。

アマチュアにおすすめなのはクローズで構えること。そもそも、今のドライバーははじめからフェースが閉じているものが多い。こういったタイプは、見た目がスクエアでも実は開いています。

第1章でも触れましたが、これではクラブの機能を生かせません。**構えたときにシャフトが左に傾いてハンドファーストになっていなければクローズフェースでOKです。**

クローズで構えているのに右に飛ぶ人は、どこかの時点でフェースが開いているので、ひとまず、つかまって左に飛ぶボールを打つ練習をしましょう。

つかまった感触を残しつつフェースの向きを微調整していけば、アドレス時の最適なフェース向きがわかります。

今のドライバーはフェースが開いている

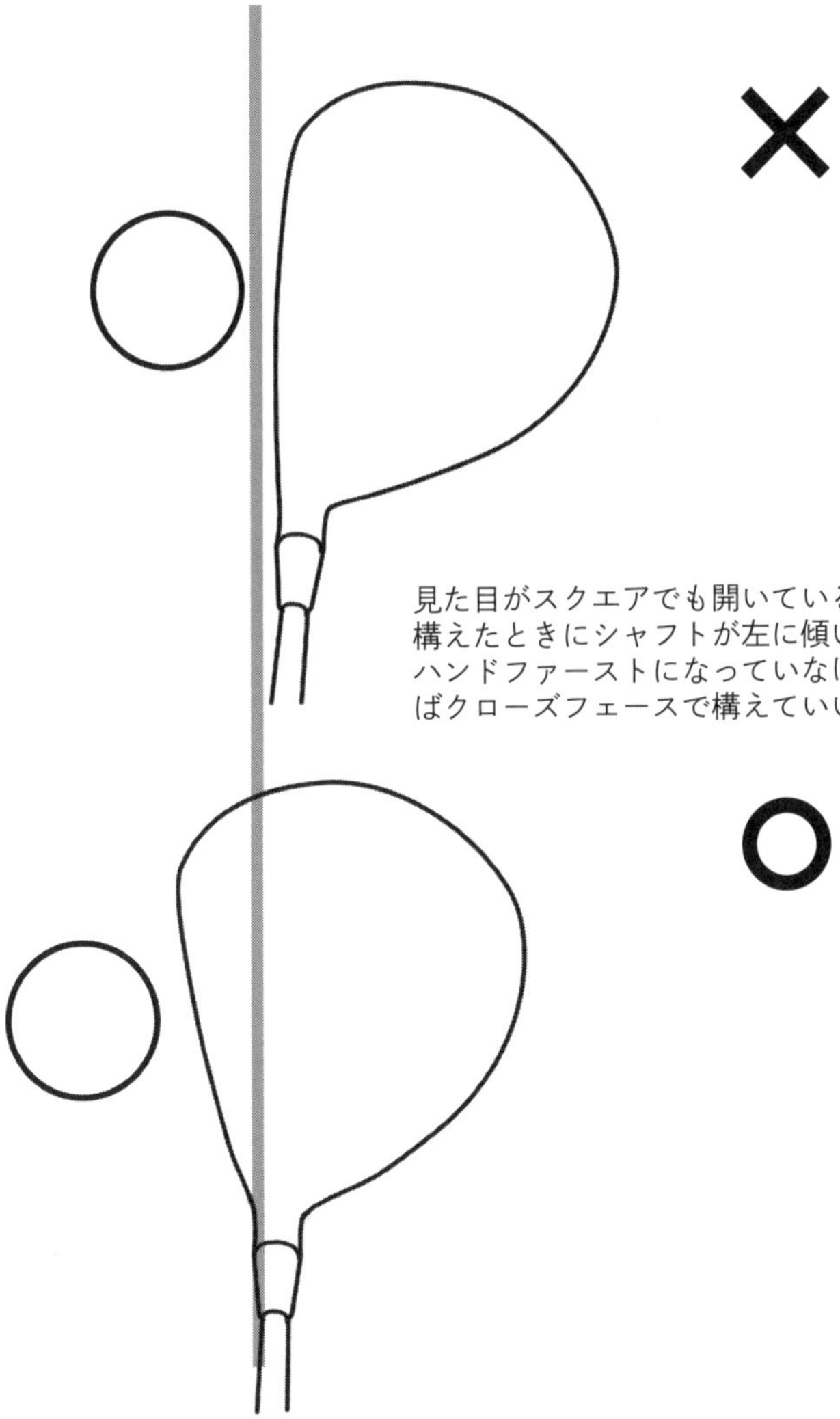

見た目がスクエアでも開いている。構えたときにシャフトが左に傾いてハンドファーストになっていなければクローズフェースで構えていい

飛ばしのポイント

45

アライメント

肩のラインは目標より左を向いていなければならない

アドレスにおける最大の目標は、打ちたい方向を向くことです。リラックスして大きく構えられても向きが違っていたらフェアウェイを外します。また、向きが違っても意識は目標にあるのでその方向に振る。向きと振る方向がズレると、体を痛めることにもなりかねません。

目標を合わせる際、ポイントになるのは肩のラインですが、構えた状態でターゲットを目視すると肩のラインも目標方向を向いてしまいます。

いうまでもなく、ボールと目標を結ぶターゲットラインと肩のラインは、どこまで引き伸ばしても平行で交わりません。

ということで、**肩のラインは目標の左を向かなければいけない。**目標までの距離が長いドライバー。おまけにボールとの距離も離れているため、14本のクラブの中で最も左を向きます。

アドレス時のルーティンで肩に手をあてるプロがいますが、これはターゲットラインと肩のラインが平行かを確認するため。打つ前にクラブを肩に当ててもいいですが、確認後はモジモジせずに始動しましょう。

ポイントは肩のライン

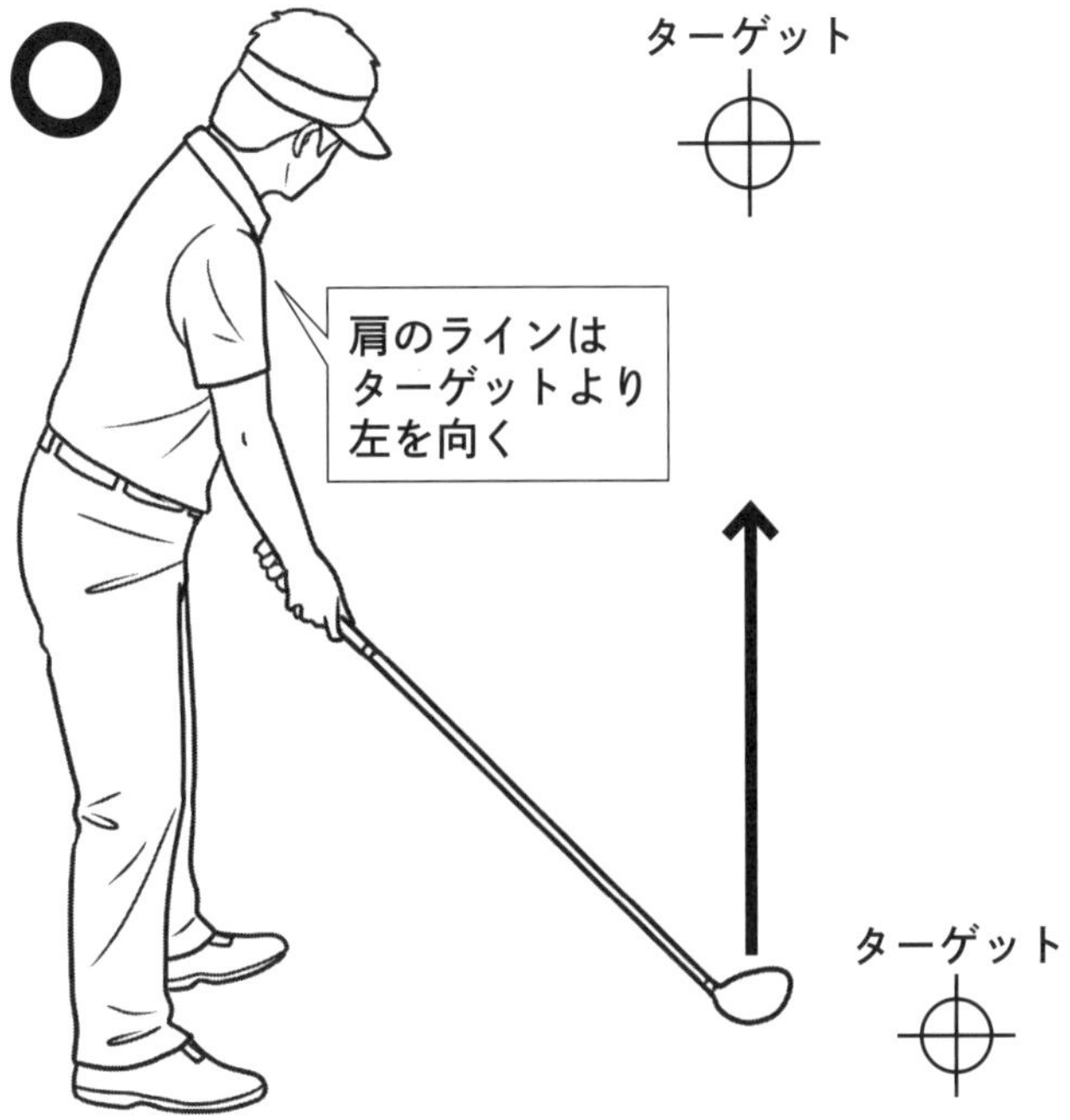
ターゲット
肩のラインは
ターゲットより
左を向く
ターゲット

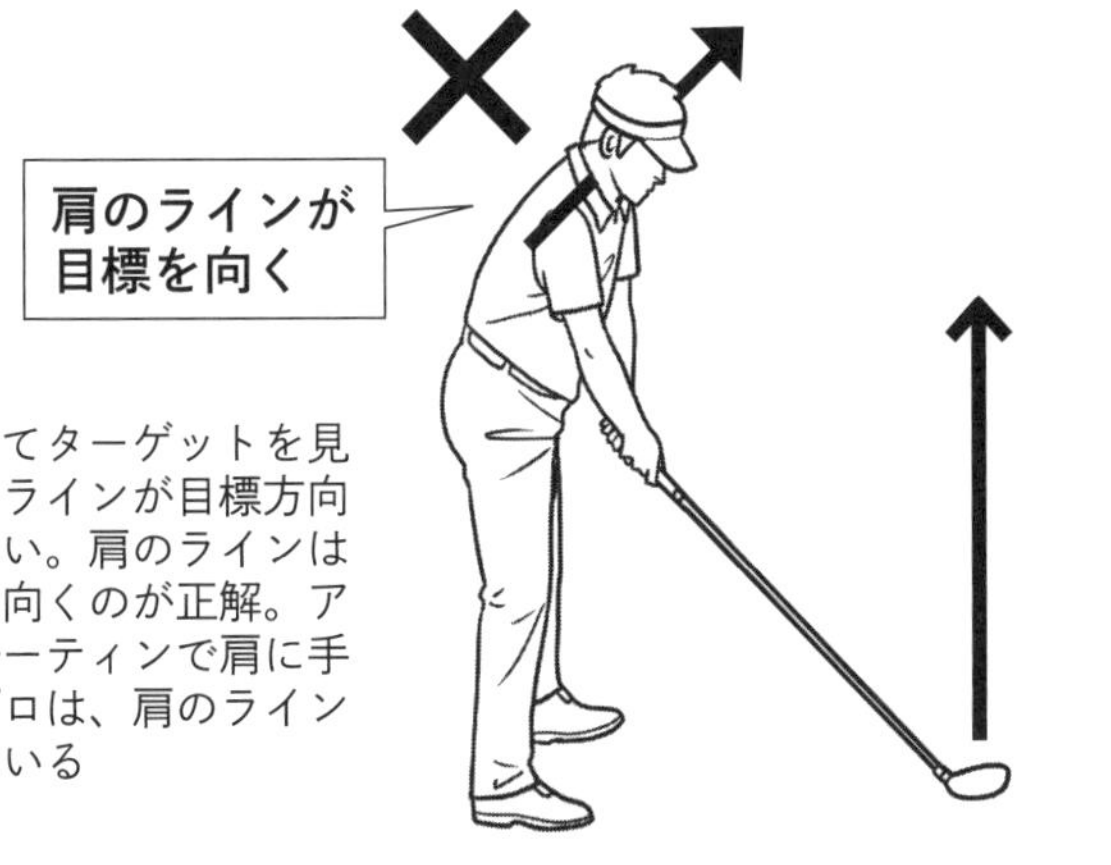
肩のラインが
目標を向く

アドレスしてターゲットを見ると、肩のラインが目標方向を向きやすい。肩のラインは目標の左を向くのが正解。アドレスのルーティンで肩に手をあてるプロは、肩のラインを確認している

飛ばしのポイント 46

目線

目線は上げずフラットを保つかやや下を見る

飛ばそうとするとボールを上げようとして目線が上を向きがち。特に右からボールを見る格好で、やや右肩を下げて構えるドライバーではこの傾向が顕著で、フェースが上向きになったり、インパクトで手元が浮きます。

それでもターゲットラインにスクエアなまま上向きになっていればまだマシですが、大抵は肩のラインが左右を向き、右上や左上を向きます。こうなるとミスは約束されたようなものです。

目線のとり方によるミス防ぐには、フラット、もしくはやや下に目線を向けておくことです。 フラットとは目の高さより上に向けない、下めとは目の高さより下に向けるという意味です。

これは基本、前方がカベのような打ち上げも30メートルの打ち下ろしでも同じ。自分で上げなくてもクラブがボールを上げてくれるので心配無用です。

多くの人は打つ前にターゲットライン上に目印（スパット）を見つけ、そこにフェースを向けていると思いますが、**目線はスパットに向けるくらいでもいい。**

下からすくい打つ傾向のある人には特におすすめです。

飛ばしのポイント 47

アドレス姿勢

ボール、頭、クラブヘッドの位置関係をチェック

ドライバーではティアップした空中にあるボールに対してアドレスします。

そのボールに対し、アイアンのようにボールの真上に頭がくるように構えたらどうなるか？　クラブヘッドはボールの下を潜り抜けます。当てるにはヘッドを引き上げながらインパクトするか、自分が伸び上がるしかありませんが、それでは飛ばないことは明白。上下動はスイングにおいてご法度だからです。

これを是正し、飛ぶようにアレンジしたのがドライバーのアドレス。すなわち、アイアンのように頭とクラブヘッドとボールがタテ一列に並ばず、ちょっとずつズレて右に傾いているわけです。

全体が右に傾いただけですから、スイングでなされることは変わらない。

自分から見てクラブヘッドの最下点が頭の真下になるように振れば、ヘッドが上昇する過程でボールを打つことができます。

押さえておくべきは、頭とクラブヘッドとボールの位置関係。3つを結ぶラインが垂直に近づくほどドライバーには不向きになります。

アイアンのようにタテ軸を意識せずにアドレスしましょう。

飛ばしのポイント

48

セットアップ

右足体重で構えるとスムーズに始動できる

ドライバーではアッパー軌道でボールをとらえます。積極的に体重移動を使って打つ人もいれば、その場でクルッと回って打つ人もいますが、いずれにしてもヘッドが上昇する過程でボールをとらえたいところです。

それには**アドレスの段階でやや右足体重にしておくといいでしょう。**

そもそもボールが左寄りにあるため、ボールを右から覗き込むようなアドレスになります。その意味でも右足体重は好都合ですし、スイングで体重移動を使うにしろ意識しないにしろ、アドレスからテークバックに移行しやすくなります。

体重配分は右足と左足で6：4から7：3くらいが目安。その際、右足の内側で体を支えるようにします。右足の外側に体重が乗る、あるいは体重が右足に偏りすぎると、体全体が右に傾いたり、アドレスの時点で腰が引けてしまいます。

体重移動を使って打つ場合、そこからさらに右足に体重が乗っていきますが、その場で回るタイプはアドレス時の割合のままでＯＫ。左足が上がりさえしなければ、体重を右サイドに残したまま打ち抜いても構いません。

テークバックに移行しやすい

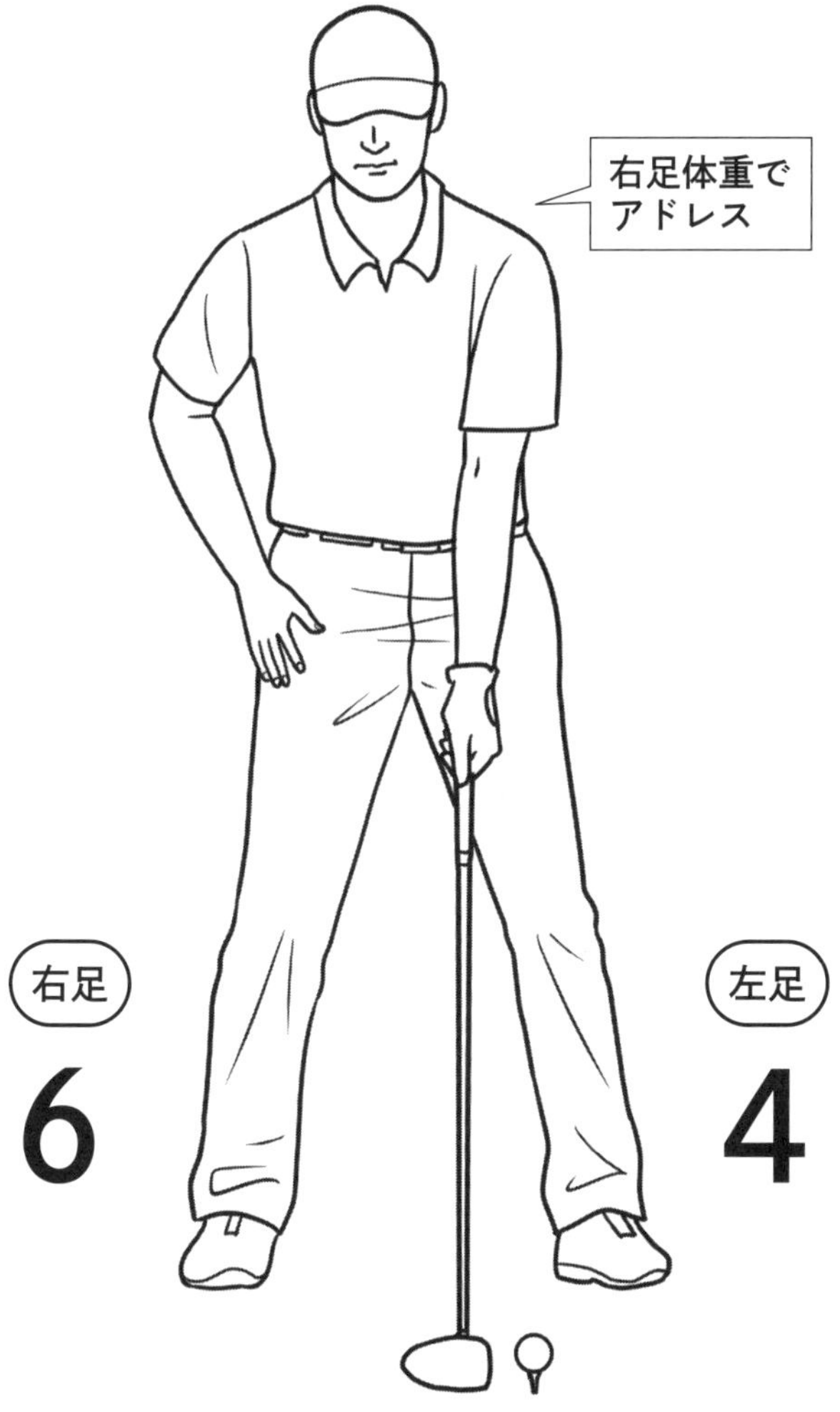

6：4から7：3の配分で右足体重でアドレスし、右足内側で体を支える。その場で回る人は、アドレス時の割合のままスイングする

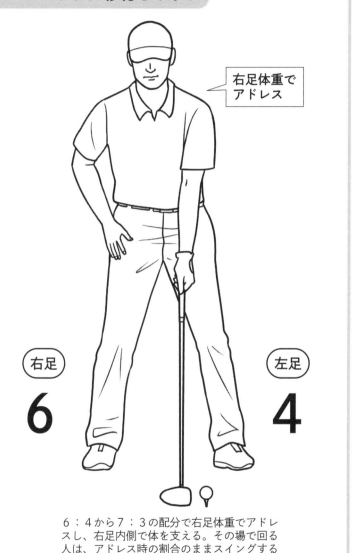

飛ばしのポイント

49

アライメント

打ちたい方向と自分の向きを一致させよう

アマチュアはアドレスで右を向きやすい。アドレスした状態からターゲットを見ると幾分右にあるため、肩のラインが右向きになりやすいからです。

このアドレスに慣れてしまうと真っすぐ向けません。真っすぐ向くと左に飛ぶ。右向きのアドレスからターゲット方向に振っていたことでアウトサイドインのスイングが身についてしまったからです。

効率よく飛ばすにはこれを直す必要がありますが、そもそも感覚と現実のギャップに苛《さいな》まれているだけなので、直すのはそれほど難しくありません。足元にクラブを置いて正しい方向を示したり、写真を撮って確認作業をすれば徐々に改善されます。

直らなければ、右を向く人はそのまま右に打ち、左を向く人は左に打つ練習をしましょう。**つまりは向いている方向とボールが飛ぶ方向を一致させるわけです。**こうすれば、ほどなく飛ばしたい方向を向けるようになり、飛距離ロスも減ります。

向いた方向に打てるようになれば、真っすぐ向けなくてもいい。コースではターゲットの左右を向いて打てばいいわけですから。

足元にクラブを置いたり写真で確認

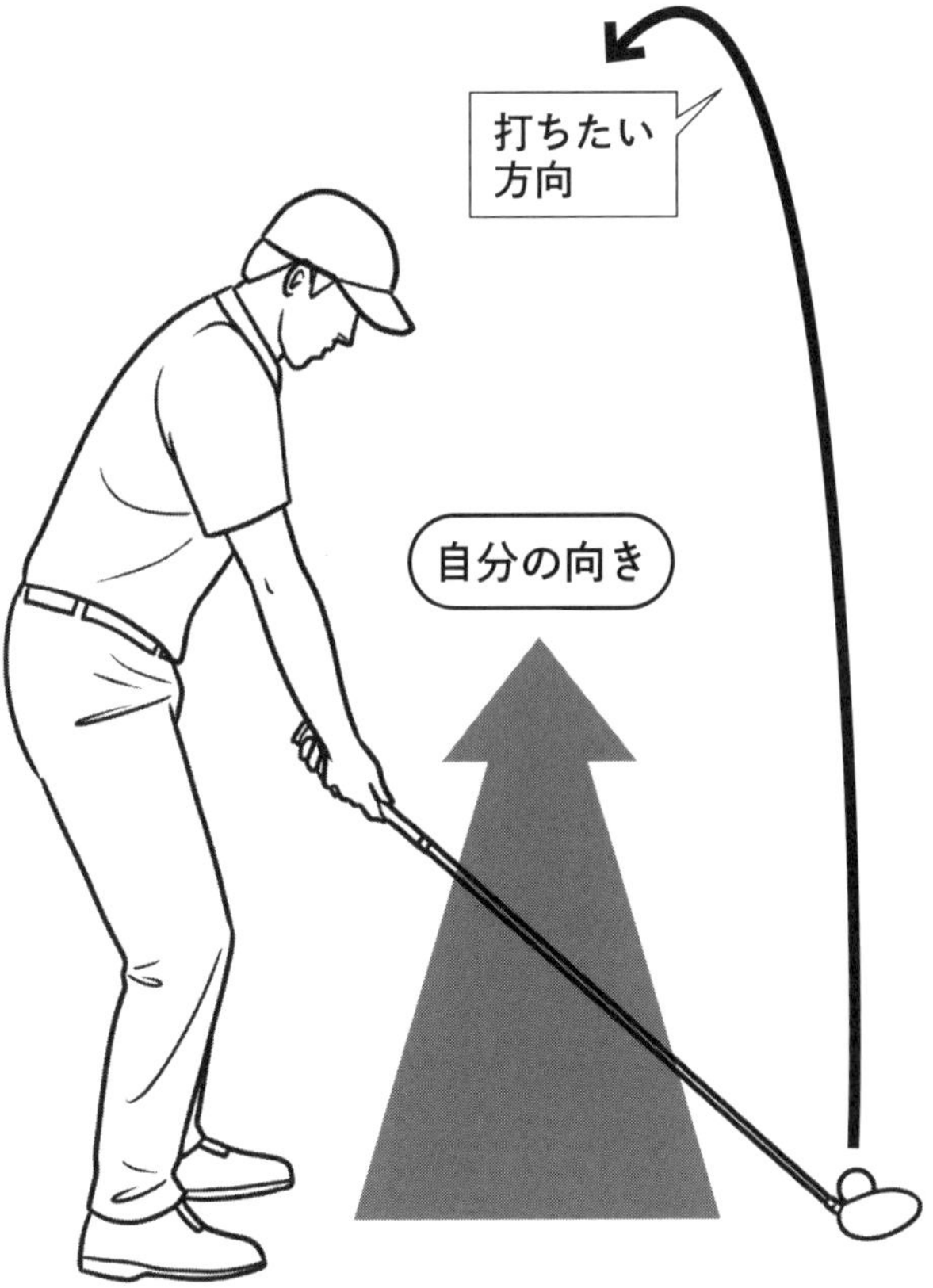

意識だけで直らなければ、右を向く人はそのまま右に、左を向く人は左に打つ練習をする。アドレスの向きと飛球方向を一致させてから飛ばしたい方向を向くようにする

飛ばしのポイント

50

スイング軌道

アドレスの向きとスイング軌道をマッチさせる

打ちたい方向と自分の向きが一致してきたら、アドレスの向きとスイング軌道を合わせましょう。

これができるとスイング軌道に対しインパクトでフェース面が直角に交わる＝スクエアインパクトができるようになります。

仮にスクエアにアドレスしたとすれば、スイング軌道はインサイドインになりますが、スクエアにはこだわらなくて構いません。つまり、アドレスで若干右肩が前に出ていてもスイング軌道がアウトサイドインならいい。逆に左肩が前に出ていたらインサイドアウトに振れていればOK。スイング軌道に対してフェースがスクエアに動き、そのままインパクトできるなら、どんなアドレスやスイング軌道でもいいのです。

避けなければいけないのは、構えも軌道もアウトサイドインなのにバックスイングがインに入りすぎたり、インサイドアウトなのにフォローでインサイドにクラブを引っ張り込むようなスイングになること。

右を向いて打ったのに「あ、右に行った！」となるのは、アドレスとスイング軌道の関係がよくわかっていないからです。

スクエアインパクトで向いた方向に真っすぐ飛ばす

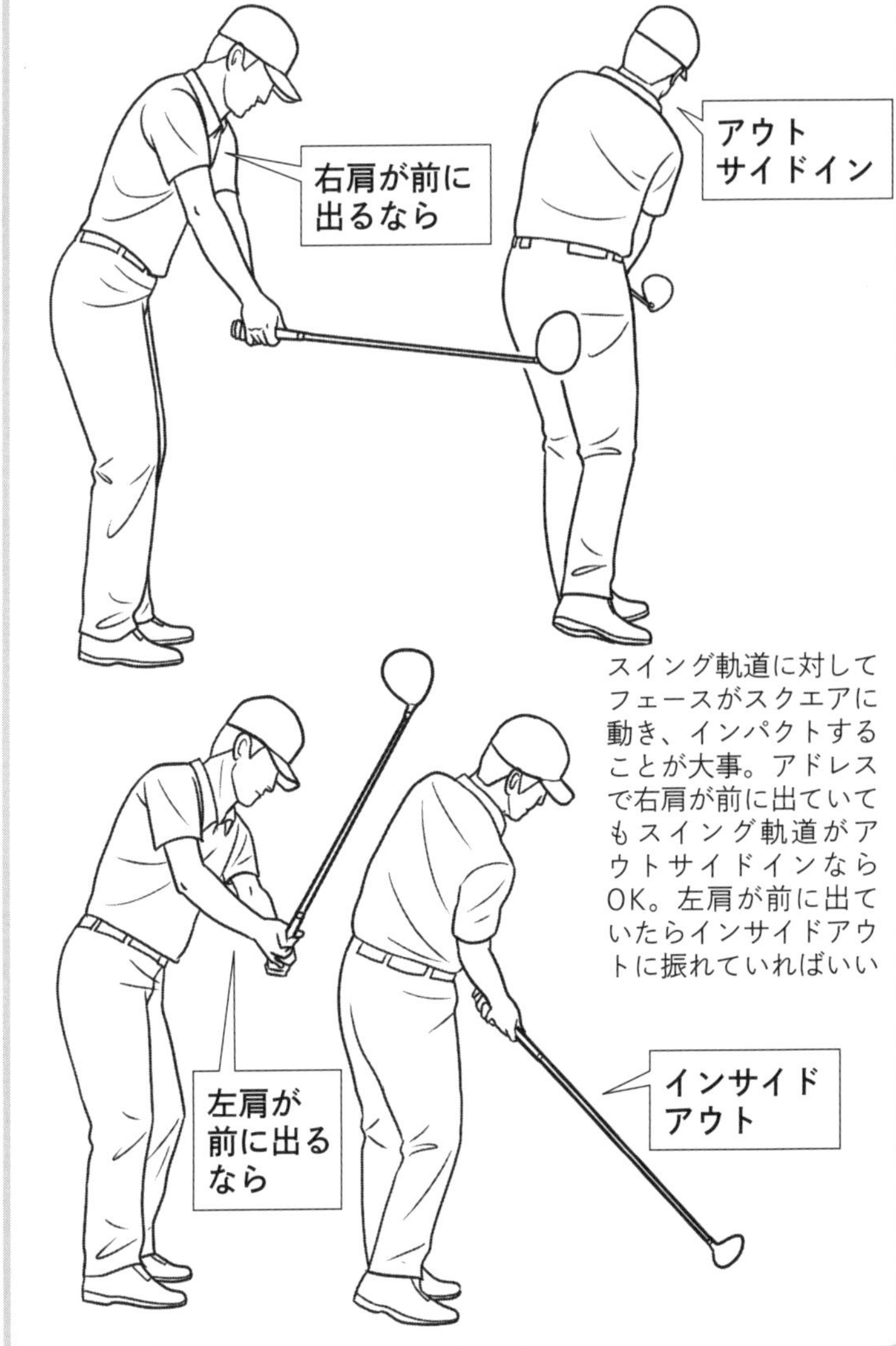
右肩が前に出るなら
アウトサイドイン
左肩が前に出るなら
インサイドアウト

スイング軌道に対してフェースがスクエアに動き、インパクトすることが大事。アドレスで右肩が前に出ていてもスイング軌道がアウトサイドインならOK。左肩が前に出ていたらインサイドアウトに振れていればいい

飛ばしのポイント

51

スイング軌道

左を向いて右に振る人は左に飛ばして修正

アドレス由来で飛距離をロスする一番の原因は、自分が向いている方向とクラブを振る方向が合っていないことですが、そのパターンは2つ。左を向いて右方向にスイングするパターンと、右を向いて左方向にスイングするパターンです。

どちらのタイプにしろ、いきなりスクエアアドレスにし、かつスイング軌道も矯正するのは無理。スイングが窮屈になるばかりですし結果も伴わないので、**きちんと手順を踏むことが不可欠です。**

アドレスで左を向いて右に振ってフックが出る、あるいは打球が右に真っすぐ出てプッシュアウトする傾向の人は、元来フォローでインサイド（左）にクラブを振り込むのが苦手な傾向にありますから、スタンスラインはひとまず今のままでOKです。

その代わり、肩のラインや目線もスタンスラインに揃える。このタイプの人はスタンスがオープンでも肩や目線はスクエアになっているからです。

徐々に体の部分を同じ方向に向けていくと左に飛びはじめるので、そこまでいったらスタンスの向きを変えてみましょう。

スタンスラインはひとまず今のまま

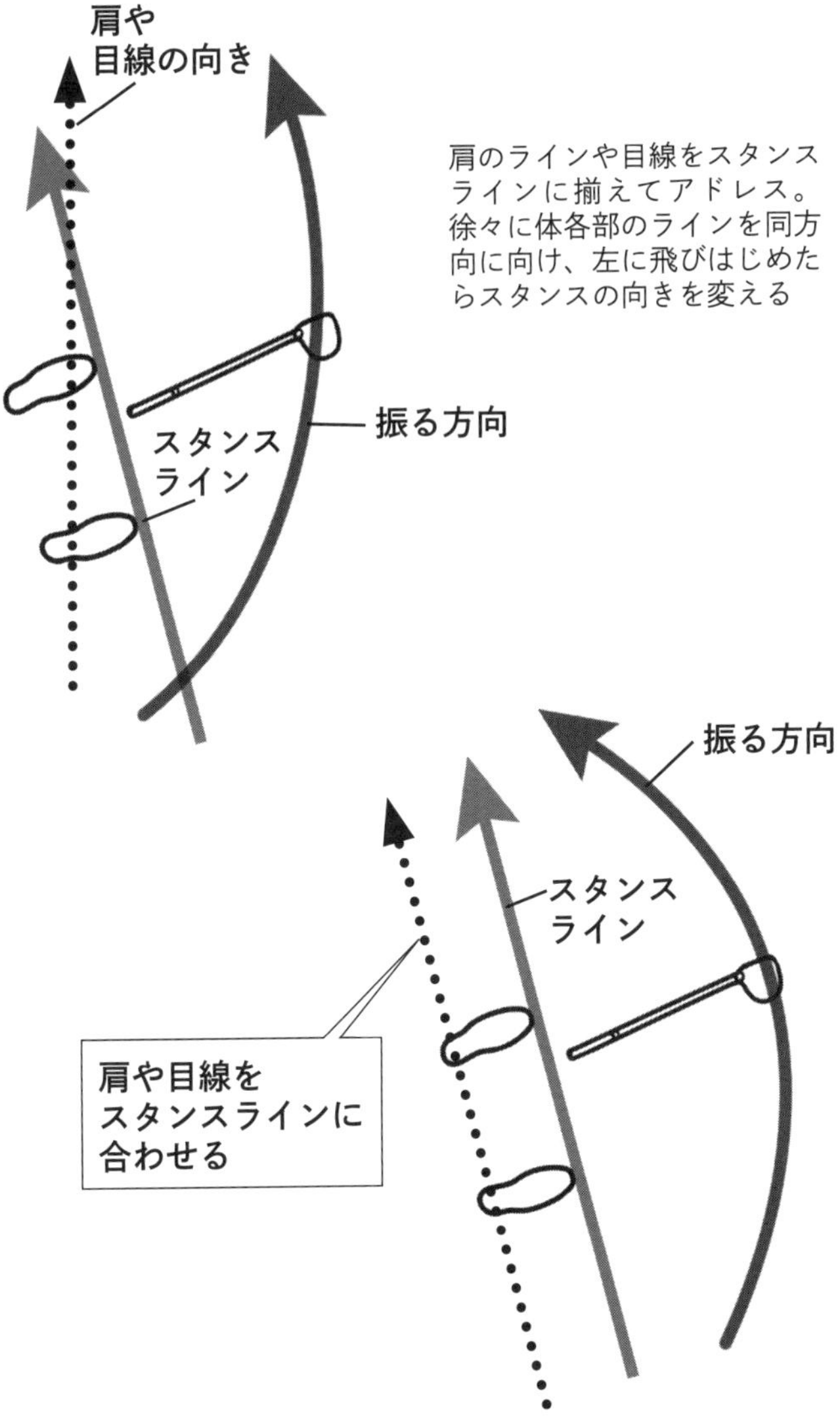

肩のラインや目線をスタンスラインに揃えてアドレス。徐々に体各部のラインを同方向に向け、左に飛びはじめたらスタンスの向きを変える

飛ばしのポイント

52

スイング軌道

右を向いて左に振る人は左に振りながら直す

前項とは逆に、アドレスで右を向いて左にクラブを振るのはアマチュアに多い傾向です。スイング軌道がアウトサイドインでスライスしている人が、右に振り出そうとしてクローズに立つ。または、いい当たりが全て左に飛ぶのでシンプルに右を向くようになった、という流れでそうなっています。

比較的ショットが安定するので方法としてはありですが、いかんせん飛びません。飛ばそうとして力が入るほどスライスするところもデメリットです。

これを直すには左を向いて左に振ることですが、振る方向はこれまでと変わらないので打った瞬間に体が開いてしまうかもしれません。そこで、**最低限インパクトまでは左足を動かさずにおき、体の開きを抑えましょう。**

まだスライスしますが、その理由はフェースが開いたままだから。安定してスライスが出るようになったらフェースをターンさせましょう。

その際、右手をかぶせるようにせずクラブを左に回すようにすること。ボールがつかまってきたら徐々に向きをアジャストしていきましょう。

インパクトまでは左足を動かさない

まず左足を動かさずにインパクトして、体の開きを抑える。安定してスライスが出るようになったら、フェースをターンさせる。右手をかぶせずクラブを左に回そう

飛ばしのポイント 53 スイング

理想のアドレスができる「マン振り素振り」

プロに聞くと、アドレスには「当たりそうなアドレスと当たりそうもないアドレス」があるそうです。なにをもって判断するかというと力感。いいアドレスには適度な力感がある。全体的にはリラックスしているけれど、どっしりと安定感があるといいます。

かなり抽象的ですが、そんなアドレスにする方法はいくつかあります。**ひとつはマックス以上の力で思いきり素振りをすること。**クラブをゆるく握ったのでは思い切り振れないので、力いっぱいグリップしてからマン振りします。

こうすると振ったあとに力が抜けるので、その状態でアドレスし、なるべく早く始動します。適当に素振りをして本番で力が入るのはアマチュアによくあるパターンですが、その逆をやるわけです。

もうひとつはアドレスする前にピョンピョンと飛び跳ねること。どっしり構えるには土台となる下半身の安定を図る必要がありますが、ジャンプをすると自然に重心が下がります。着地したときには上半身から力が抜け、ヒザも適度にゆるんでアドレスに最適なボディバランスになります。アメリカ女子ツーで活躍中の畑岡《はたおか》奈紗《なさ》選手がよくやっています。ピョンピョンと跳んでも着地したら間をあけずにスイングをスタートしましょう。

第4章
スライス、フックがなくなるスイングイメージ

飛ばしのポイント

54

飛球の種類

スイングとボールの曲がり方の関係を知る

この章はアマチュアゴルファー最大の悩みである、スライスとフックをなくす方法を中心に紹介しますが、**その前に自分のドライバーショットがスライスなのかフックなのか、正しく判断しておかなければなりません。**単純に右に飛べばスライス、左に飛べばフックではない。実は当たり損ないで、スライスやフックにさえなっていない人もいます。

スライスは出球が左で途中から右に、フックは出球が右で途中から左に、それぞれ大きく曲がる打球です。

右に飛び出たボールが真っすぐ右に飛ぶのはプッシュアウト。その先で右に曲がったらプッシュスライス。左に飛び出たボールが真っすぐ左に飛ぶのはヒッカケ、その先で左に曲がったらヒッカケフックです。ほかの呼び方もありますが、どんな弾道かは左ページの図で確認してください。

いうまでもなく、**球筋によって修正ポイントは変わります。**自分の球筋を正しく把握しないと処方箋を間違えることになり、直せないばかりか症状をこじらせます。ちなみに、出球が真っすぐなら、多少左右に曲がっても直す必要はありません。

知ってておくべき９つの球筋

打球の曲がり方を決めるのはスイング軌道	どの方向でも真っすぐ＝イントゥイン 最後は右に曲がる＝アウトサイドイン 最後は左に曲がる＝インサイドアウト

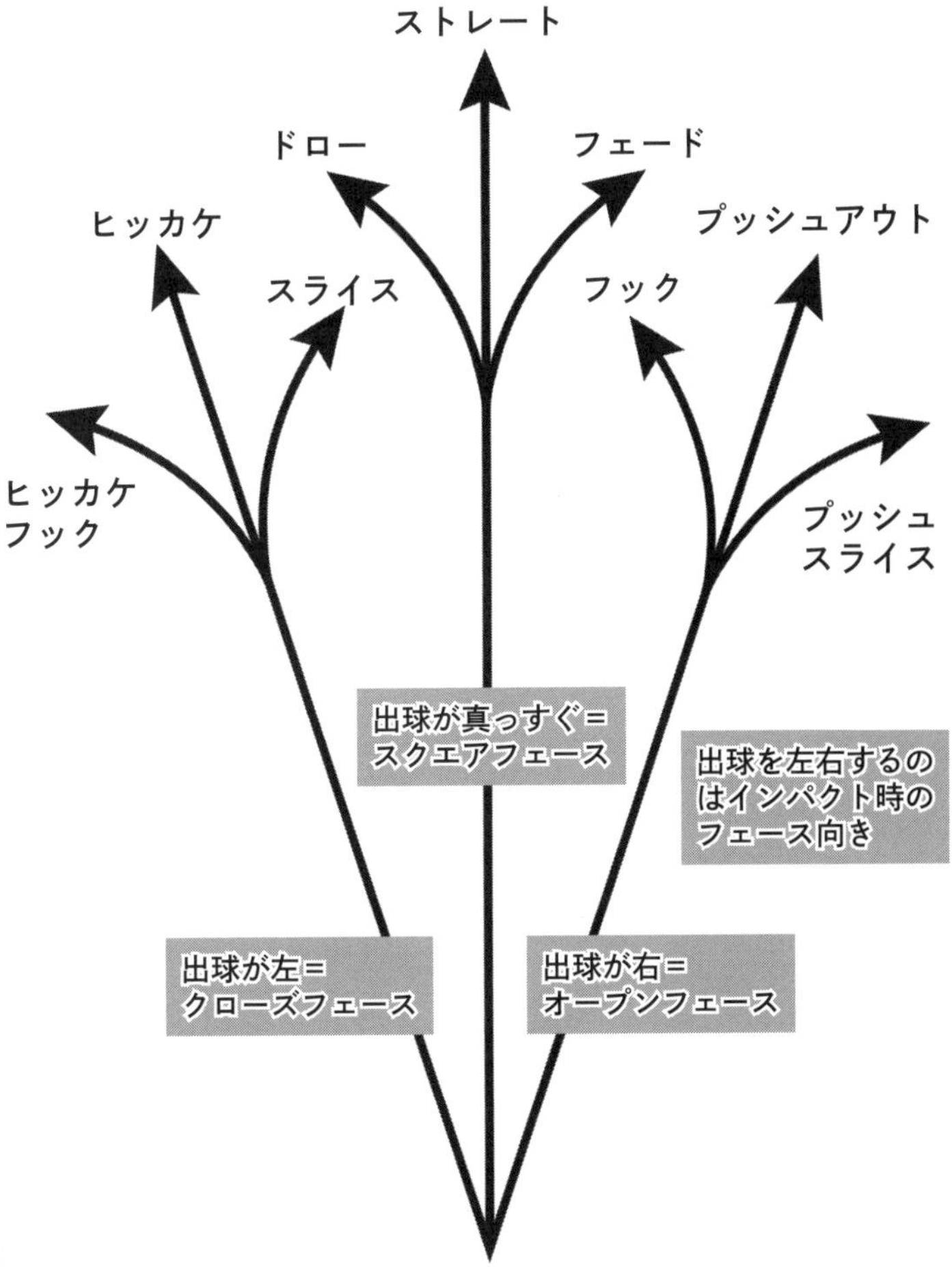

飛ばしのポイント

55

スライス矯正

左に突き抜けたショットをネタにスライスを矯正

今打っているスライスを生かしたまま飛ばす方法があります。スライサーなら誰しも、スライスを想定して打ったボールが左に真っすぐ突き抜けたことがあると思います。その打球が結構飛んでいて、隣のホールに打ち込んだり、OBになった人もいるでしょう。

これはアウトサイドインのスイング軌道に対してフェースがスクエアにボールをとらえたから。アドレスの向き、インパクト時のフェース向き、スイング軌道がすべて揃った非の打ち所のないショットだったのです。

この打球をフェアウェイに飛ばすには、フェースを閉じてアドレスし、左に飛ぶボールを打ち続ける練習をします。まず、絶対に左へ飛ぶスイングを体に刷り込むわけです。左にしか飛ばなくなったら目標を向いてアドレスする。これまでより目標を向けばスクエアでなくても構いません。

この場合、スイング軌道はアウトサイドインのままで、基本的にはアドレスを矯正しただけ。**体の向きとフェースの向きを同じにしてボールをつかまえるのがポイントです。**スライスの曲がり幅が減っていき、安全なパワーフェードで飛ばせるようになります。

“左に突き抜け” は非の打ち所のないショット

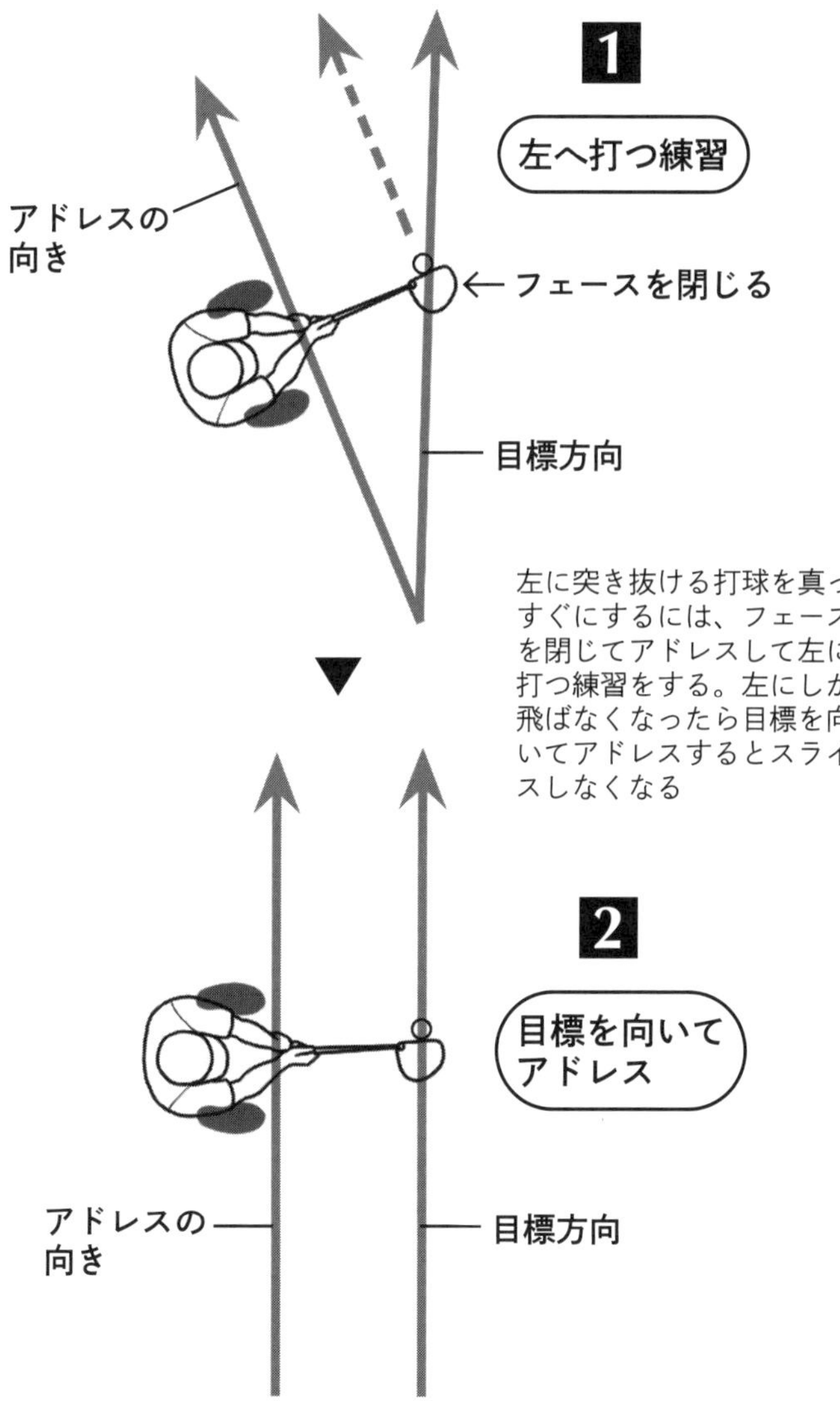

左に突き抜ける打球を真っすぐにするには、フェースを閉じてアドレスして左に打つ練習をする。左にしか飛ばなくなったら目標を向いてアドレスするとスライスしなくなる

飛ばしのポイント

56

スライス矯正

スライサーには下から上に振るイメージが有効

スライスの原因はアドレスとスイングの双方にある場合がほとんどです。最も多いのは「スクエアアドレス×アウトサイドインのスイング軌道×オープンフェース」の組み合わせ。フェアウェイに置くだけなら左を向けばいいですが、飛ばすには軌道とインパクト時のフェース向きを修正する必要があります。

有効なのは下から上にカチ上げるように打つイメージ。アウトサイドインの人はヘッドが上から下に動いているので逆にするわけです。ダフったら肩をレベルに回すようにして、ボールを右に打ち出しましょう。

あらかじめフェースを閉じてアドレスしていれば（22～24ページ参照）、これだけでスライスが軽減されるはずです。それでも曲がるならクラブを左に回しながら打ってインパクトでフェースが開かないようにしましょう。

うまくいかなければアドレスの時点でクラブを右に回してフックグリップにし、体の回転をメインに振る。また、始動直前にグリップを目標方向に少し押し出すフォワードプレスを入れ、インパクトまで左手首が甲側に折れないようにスイングすると、フェースが開かなくなりボールがつかまってきます。

インパクト時のフェース向きを修正する

フェースを閉じてアドレスし、そのまま打てばスライスは軽減される。また、下から上にカチ上げるように打つイメージも有効。ダフったら肩をレベルに回すイメージで右に打ち出す

飛ばしのポイント

57

フック矯正

フッカーは腕の振りに体を合わせる

普段からフックが出る人は、まずそれを生かす方向で考えましょう。真正フッカーのスイング軌道はインサイドアウト。フックのミスは過度のインサイドアウトと思われるので軽減する必要がありますが、それには体の動きをちょっとずつ変えていきます。

ポイントは腰を速く回すこと。 アマチュアは、いわゆる手打ちになり、下半身が止まってフックするケースがもっぱら。腰を速く回すと腕を含む上半身との速度差が埋まり、上下のバランスがとれたスイングになります。

キーワードとしては、ダウンスイングからインパクトで「左腰を後ろに引く」「ベルトのバックルを止めない」など。腕を振るスピードを落とす手もありますが、飛ばすには速いほうの動きに追随させないといけません。

プロのスイングではインパクトで腰が正面を向かずやや目標方向を向く。女子プロの場合、完全に左を向いている人も多くいます。これは腰がその位置にあるとボールをしっかり叩けるから。力の入る腰の回り加減は人によって違いますが、少なくとも正面を向いていたら力が入らない。そのぶん上半身が勝ってフックになってしまうのです。

腰を速く回して上半身との速度差を埋める

左腰を
後ろに引く
ベルトの
バックルを
止めない

フックは下半身が止まり手打ちになって出ることが多い。腰を速く回すと上半身との速度差が埋まり、上下のバランスがとれたスイングに。ダウンスイングからインパクトで「左腰を後ろに引く」「ベルトのバックルを止めない」などがキーワード

飛ばしのポイント

58

フック矯正

フックしたらバックスイングでクラブを立てる

フックが出る組み合わせは「スクエアアドレス×インサイドアウト軌道×クローズフェース」ですが、アマチュアのフックをなくすにはフェースターンを抑えるのが第一歩です。

まずは過度なフックグリップになっていないかチェックしましょう。過度でないフックグリップでも、インパクトに向かい、腕を使ってボールをつかまえにいくとフェースがかぶってしまうので、**フックグリップの場合は腕を使わないイメージをもちます。**手打ちの傾向が強い人も同様。出球は右ですが、左に曲がる度合いが軽減されます。

スイング軌道を修正するには、上から下に振るスイングイメージが有効です。インサイドアウトはクラブを下から上にカチ上げるように振るとなるので、クラブヘッドが上から下に動くようイメージするわけです。

ただし、バックスイングでクラブを寝かせるとダウンスイングで外から入りすぎるので、**バックスイングではクラブを立たせる意識をもってください。**左肩をアゴにつけて高い位置にトップをもっていきましょう。こうするとクラブがややアウトからカット気味に下りてボールがつかまりすぎるのを防げます。

クラブをアウトからカット気味に下ろす

バックスイングではクラブを立たせる意識をもつ。トップでなるべくクラブを高い位置に運ぶとクラブがアウトからカット気味に下り、ボールのつかまりすぎを防げる

飛ばしのポイント

59

スイングイメージ

スイングは時計回りの運動

スイングをイメージする方法に時計回りのスイングがあります。まずはクラブを持ってグリップを胸の前に上げ、クラブヘッドが顔より高い位置になるようセットしてください。

これができたらなにも考えず、手首を柔らかく使ってヘッドが時計回りに回るようクラブをクルクル回してみましょう。これが正しいスイングのイメージです。

ヘッドが時計回りに回ると、ボールを飛ばしたい左方向に向かってクラブヘッドが動きます。また、目標方向に対して下から上へとヘッドが動く感じになります。まったくもって当たり前なのですが、アマチュアゴルファー、**とりわけスライスで悩んでいる人の多くは、この当たり前ができていません。**

時計回りに回したついでに体を前傾させ、胸を左に向けながら時計回りに回し続けてみましょう。こうすると誰もがダウンスイングで手元が体の近くを通る。つまり、**クラブがインサイドから下ります。**

スライスの一因となるアウトサイドイン軌道は、ダウンスイングで手元が体から離れてクラブが外から下りますが、これは時計回りのイメージで振る限り起こりえないのです。

時計回りのイメージがスライスをなくす

自分側から見てヘッドが時計回りに回ると左方向に向かってヘッドが動き、インパクトに向かってヘッドがインサイドから入るイメージになる

飛ばしのポイント
60
スイングイメージ

フェースにボールを見せながらテークバック

飛ばすには体と腕を連動させることが不可欠。ボディターンの意識が過多だとスライスしやすく、腕で打つ意識が強いとフックしやすくなります。

体と腕、どちらが使い勝手がいいかといえば断然後者。突然フックが出はじめたり、ラウンドの後半になるとチーピンが出る、当たりはするが飛ばない、といった傾向がある人は腕だけで振り、体の使い方が甘くなっている可能性があります。

テークバックを見ると、その状態に陥っているかどうかがわかります。体が動かず手先でクラブを上げている、あるいはインサイドに引いています。こうなると腕が先行してフックしやすい。途中で腕と体を合わせても、体の回転が浅いため、悪い意味で腰が開いて振り遅れます。

これを防ぐには、クラブフェースをなるべく長くボールに向けたままテークバックすること。ヘッドを真っすぐ低く引くイメージです。アドレスで正しくワキをしめておき、フェースにボールを見せ続けるようにすれば、腕を主体にテークバックしても体が追随して動きます。

体の使い方が甘くなっていたらやる

手先でクラブを上げたりインサイドに引くと腕が先行してフックしやすい。クラブフェースをボールに向けたままテークバックすると体が追随して動く

飛ばしのポイント

61

スイングイメージ

テークバックでは左にハンドルを切る

クラブを正しく使って飛ばすプロは、クラブフェースが「閉じる↓開く↓閉じる」の順に動きます。テークバックでフェースは閉じていなければならない。開くとバックスイングでクラブが寝ます。

寝たクラブはダウンスイングでは立って外から下りてくる。結果はスライス。寝たままフェースを強引に返すとフックします。

正しくクラブを動かすには、車で左ハンドルを切るイメージでテーバックするといいでしょう。

このイメージで動かすとヘッドがやや遅れて動き出す感じになりますがそれでOK。前項で紹介したフェースにボールを見せるテークバックになり体も連動します。

フェースも閉じたまま動くので、クラブが正しく動く方向でスイングを始動できます。すなわち、閉じながら上がったフェースがしかるべきタイミングで開き、インパクトに向けて閉じながら下りてくる自然な動きになるのです。

それまでクラブをインサイドに引いていた人にとっては、ヘッドがかなりアウトサイドに上がる感じになります。

テークバックでヘッドがやや遅れて動き出す

左ハンドルを切るとテークバックでフェースが閉じたまま体も動く。閉じながら上がったフェースがバックスイングで開き、閉じながら下りる動きになりやすい。インに引いている人にはヘッドがアウトサイドに上がる感じになる

飛ばしのポイント 62 スイングイメージ

右手一本でクラブを振ってみる

クラブの正しい動きを引き出してスライスやフックを軽減するには、右手一本でクラブを持ち、素振りをするのがおすすめです。ドライバーでもいいですが、重量のあるアイアンのほうがヘッドの動きがわかります。

まず気づくのは腕一本で振るのは大変なこと。とりわけ始動では手首を使ってヒョイと上げないとクラブが動きません。

でも、これはダメ。こうならないようにするには、ヘッドを引きずるように動かします。するとフェースは開かずヘッドが真っすぐ低く動く。フェースもボール方向を向きます。

そのまま勢いをつけると右手でクラブを引き上げる格好になります。

トップから切り返しでは、クラブが反転してフェースが開きます。それ以降はほぼオートマチック。特に力を入れなくてもクラブが勝手に下りてきます。右手一本でリリースするとクラブがコントロールできないのでリリースもしない。そのまま腕を下ろせば自然にタメができてリリースまでなされます。

右手一本で振っていても体がしっかり動いて全身運動になっている。でないとクラブをコントロールできないのです。

右手一本で振ると手首を使えない

ヘッドを引きずるようにテークバック、勢いよくクラブを引き上げる。トップから切り返しではクラブが反転してフェースが開き、力を入れなくてもクラブが下りて自然にリリースされる

飛ばしのポイント
63
スイングイメージ

バックスイングの目標は「左肩が右ヒザの上」

飛ばしのポイントとして多くのプロが口にすることのひとつにバックスイングの深さがあります。力自慢のゴルファーでも腕力だけで飛ばすには限界がある。下半身を土台に体が深くねじれて初めてパワー全開のスイングになるというわけ。また、ねじれが少ないとクラブを手で下ろしてフックしたり、振り遅れからスライスにもなります。

ねじれ量の目標は、正面から見たときにトップで左肩が右ヒザの上くらいまで回っていること。ただし、ギリギリとそこまでねじって止めるのではなく、切り返しで瞬間的にそうなればいい。もちろん柔軟性や年齢によってはここまでねじらなくてもよく、できるところまでで構いません。

ここで重要なのは肩がタテに回ること。アドレスで前傾し、左ハンドルを切るイメージでテークバックすると（124ページ参照）、肩はタテに回って左肩が下、右肩が上になります。スイングイメージでは「肩を水平に回す」ともいいますが、これはあくまで体のターンを促すためのイメージ的なたとえ。額面どおりにやると上体が起きるので注意しましょう。

切り返しで瞬間的にこうなる

バックスイングで体をでねじって止めるのではなく切り返しの瞬間にこうなればOK。左肩が下、右肩が上になって肩がタテに回る

飛ばしのポイント
64
スイングイメージ

トップは作らない&切り返しは「無重力」

テークバックやバックスイングなど、各パートの形を指標にスイングを作る手法があります。ある意味モノマネ。うまいプレーヤーの形をマネることでスイングを整えつつ、スライスやフックをなくすことが目的です。

無意味ではありませんが、お手本は万人には合いません。特にトップの形や、トップでクラブが収まる位置は人によって違います。

プロの中にはオーバースイングの人もいますし、そうなる理由も人それぞれ。理にかなったオーバースイングもあるのです。

逆にトップが浅いプレーヤーもいる。この傾向のプロは大抵、目にも止まらぬ速さでスイングします。ということで、人のトップは気にしないほうがいい。

そもそもトップは作るものではなくできるもの。意識することがあるとすれば感覚で、トップから切り返しのタイミングではクラブの重さを感じなくなる。人間がやることですから多少の例外はありますが、**トップで「無重力」になっていれば、その人にとって適正なポジションにクラブが収まっているはずです。**形のチェックは、それができてから。自分のいいときが最高のお手本です。

トップは作るものではなくできるもの

プロにもオーバースイングやトップが浅いプレーヤーがいる。トップは作るものではなくできるもの。人のトップは気にしない。トップから切り返しでクラブの重さを感じなくしたい

飛ばしのポイント
65
スイングイメージ

クラブは下ろさず引き続けるのが正しい

プロには「ダウンスイングでは自分でクラブを下ろしていない」という人がいます。また、その感覚があるときは調子がよく、よくないときは自分でなにかをしているそうです。

最近の研究では、クラブを下ろしていないどころか、動き的には引っ張っていることがわかりました。**ダウンスイングではボールに向けてクラブを下ろすのではなく、飛球線と反対方向に引っ張っているのです。**確かにこう動いていれば、プロが自分で下ろしていない、というのも納得できます。

ダウンスイングでクラブを引くイメージは、自分の右に向かって釣竿でキャスティングする感じだそうです。手を体の近くに引き下ろしてタメを作るといわれていたことを考えると隔世の感がありますが、科学的に動きを分析するとこうなっているのです。

こうすることで手元は遠回りします。また、クラブのように先端が重いものは、グリップ側から押すより、引くほうが安定して動く。物理的にも理にかなっています。

いずれにしてもボールに向けてクラブを動かしていたことが、スライスやフックが抜けない一因だったようです。

ダウンスイングでは
飛球線と反対方向にクラブを引いている

釣竿でキャスティングするイメージで右方向にダウンスイングすると手元が遠回り。引くことでクラブが安定して動く

飛ばしのポイント

66

インパクト

右からボールを見てインパクト

ドライバーで飛ばすには、アッパー軌道でボールをとらえる必要があります。ボールを左寄りに置くのはそのため。左にあるボールに対して打ちにいくとミスになる。ヘッドが外から入るとカット軌道になってスライスしやすくなり、同じ軌道でもフェースがかぶればヒッカケます。

ボールが左にあると、体が右に傾いたアドレスになります。傾きを崩さずにスイングできれば、ヘッドが最下点を過ぎて上昇する過程でボールをとらえます。

こうなると終始ボールを右から見ることになります。ボールを打ちにいくとそうはならず、どこかのタイミングでボールを上から見ています。

右傾したままインパクトするには、ボールのロゴや目印などが右側にくるようにティアップし、それを見ながらティアップしたボールだけを打ち抜く練習をしましょう。その際に下から上に振り上げるようにしないこと。右に傾いたアドレスができていれば、むしろレベルに振ることを心がけたほうがいい。肩や腰を水平に回すイメージをもつとすくい打ちがなくなります。

右に傾いた体勢を崩さずにスイング

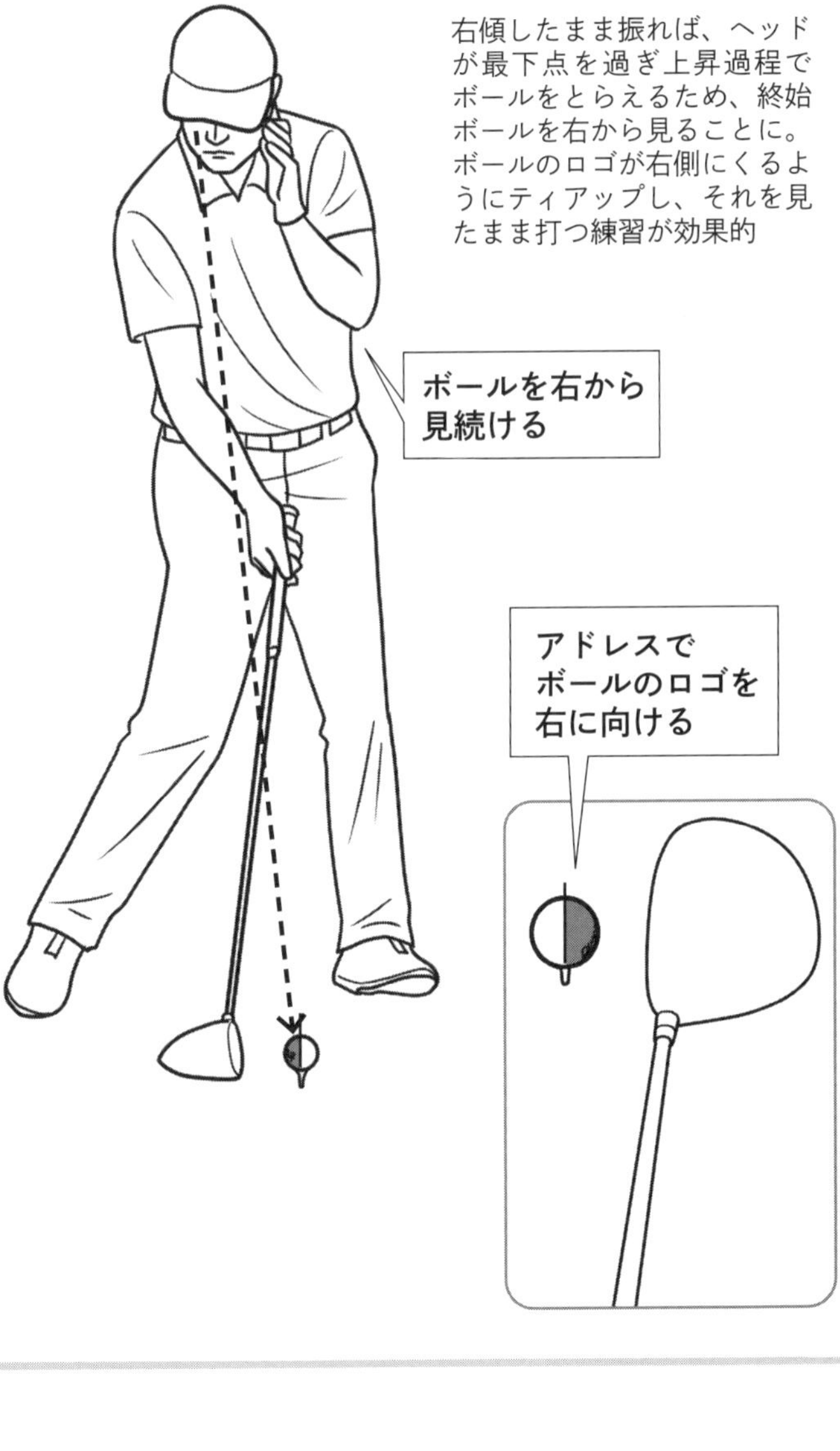

右傾したまま振れば、ヘッドが最下点を過ぎ上昇過程でボールをとらえるため、終始ボールを右から見ることに。ボールのロゴが右側にくるようにティアップし、それを見たまま打つ練習が効果的
ボールを右から見続ける
アドレスでボールのロゴを右に向ける

飛ばしのポイント

67

インパクト

インパクトは「利き目」で変わる

両目で見ていても、人は左右いずれかの目をメインに使っています。それが利き目です。

利き目を確認するには、まず両手の親指と人さし指で三角形を作り、その真ん中に対象物がくるようにして両目で対象物を見ます。

次にそのまま片目をつむって左右どちらかの目で見ます。こうしたときにズレが少なく、対象物が真ん中に近い位置に見えるほうの目が利き目です。

右目が利き目か左目が利き目かで、アドレスとインパクトのシルエットが変わります。

利き目が右目の人は、アドレスでより右からボールを見る感じになります。すくい打ちからのスライスになりやすい傾向があるので、インパクトで頭を残しすぎないほうがベター。スイングに追随するように頭が左に動いてもOKです。いわゆるルックアップするスタイルのスイングの人は右が利き目です。

一方、左目が利き目の人はアドレスでアゴが少し右に向いて構いません。インパクトでもこの形が崩れにくいため、しっかり頭が残ります。ヘッドが上から入ってフェースがかぶりやすいので、フック系のミスが多いかもしれません。

インパクトのシルエットが変わる

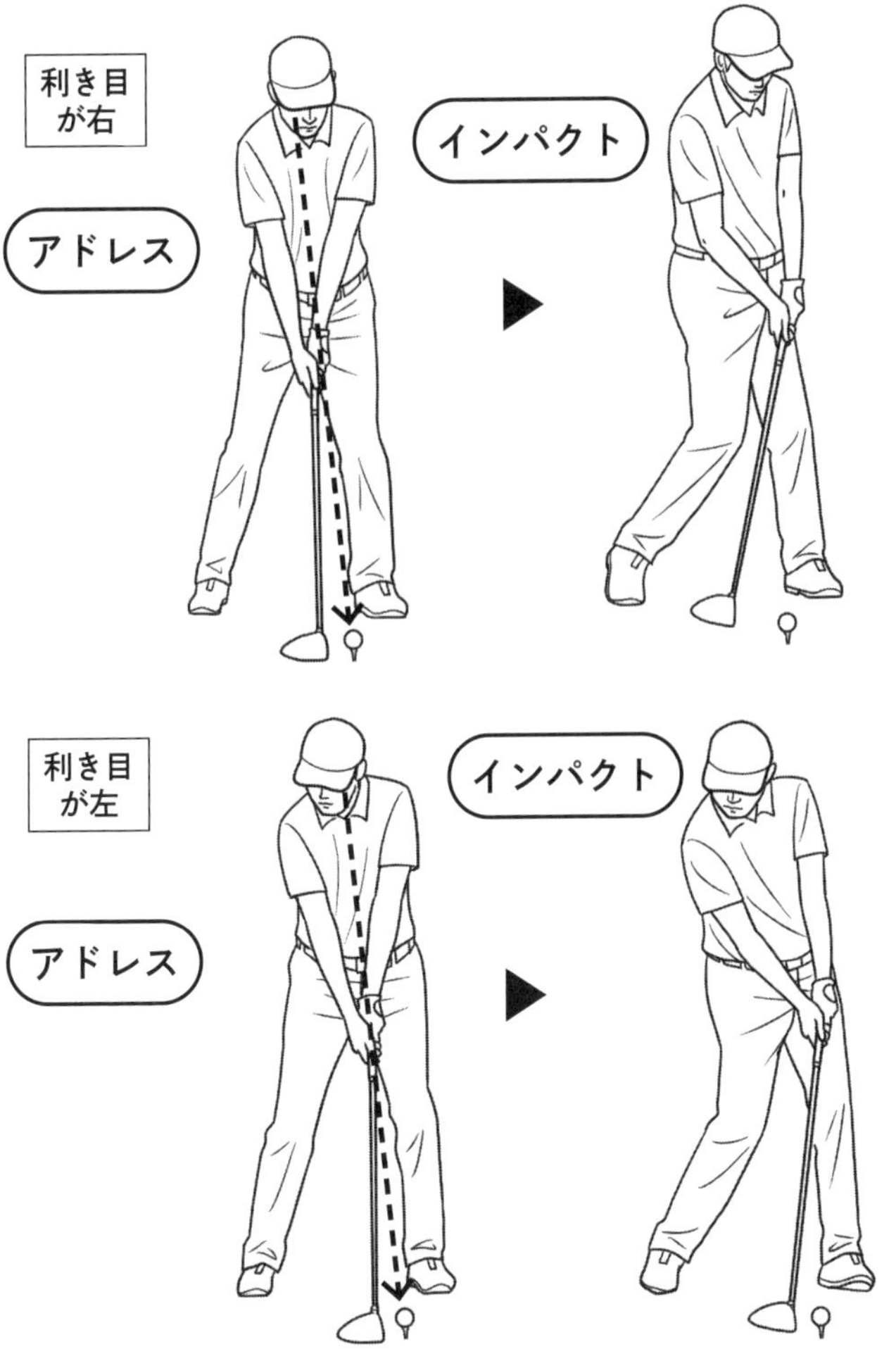

利き目が右目ならインパクトで頭を残しすぎない。
ルックアップスタイルのスイングになってもいい。
利き目が左目ならアドレスでアゴが少し右に向く。
インパクトでもこの形が崩れず頭が残りやすい

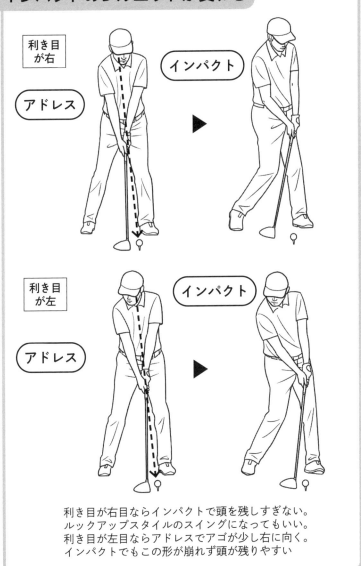

飛ばしのポイント

68

ダウンスイング以降

左ワキが空くとスライスもフックも出る

左ワキ由来でスライスやフックになっている人が結構います。

スライスの典型は左ワキが空くタイプ。インパクトからフォローで左ヒジが引けると左ワキが空きます。これに伴いクラブがインサイドに抜けてアウトサイドインのスイング軌道になってスライスします。

一方、ダウンスイングでクラブが寝て入ると、過度なインサイドアウトのスイング軌道になってフックしやすいですが、これはダウンスイングで左ワキが空くことで起こります。

つまり、**ダウンスイング以降では、左ワキをしめておかないと飛ばないということ。**アドレスでは左右の上腕部を胸に乗せてワキ、というか腕の付け根あたりをキュッとしめましたが、それをキープして打たなければいけません。

ワキが適度にしまっていればスイング中にクラブと体の距離が一定になります。腕と体が一緒に動き、体の近くにクラブを通せるのでパワーロスがありません。また、スイング軌道も理想的なインサイドインになりやすい。スライスやフックがフェードやドローになり飛距離ロスもなくなるでしょう。

ダウンスイング以降は左ワキを空けない

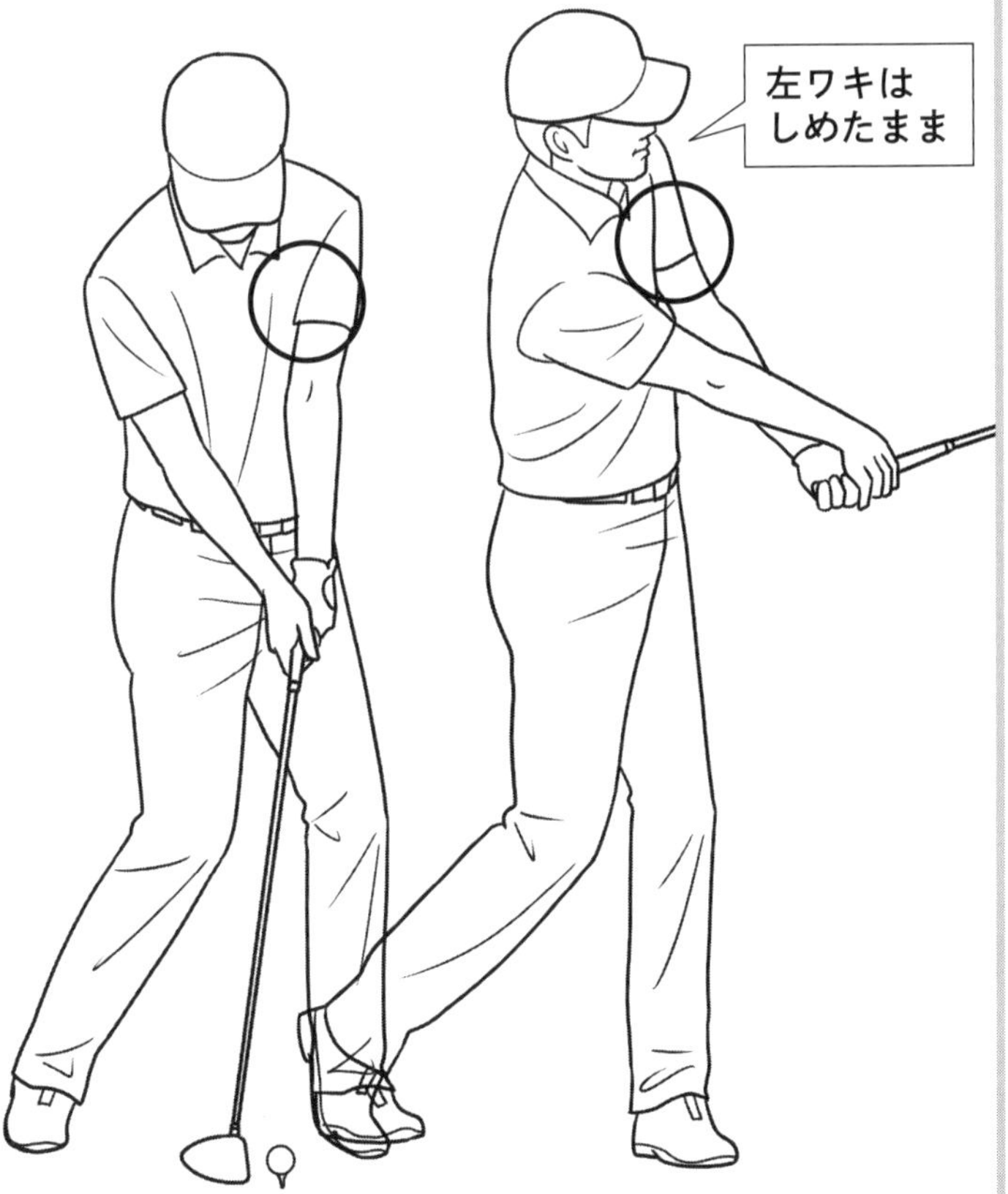

ワキが適度にしまればクラブと体の距離が一定に保たれる。腕と体が一緒に動き、体の近くにクラブが通るのでパワーをロスしない。スイング軌道も理想的なインサイドインになりやすい

飛ばしのポイント

69

スイングイメージ

スタンス幅と同じ直径の筒の中で振る

飛ばすには積極的に体重移動を使うパターンと、できるだけ回転スピードを上げるパターンがあると紹介しましたが、前者でスエーするとスライスが出やすく、後者ではタイミングが合わないとスライス、フックともに出るリスクがあります。

そうなったときに有効なのが、**太めの筒の中に入ってスイングするイメージ。**具体的にはスタンス幅と同じ直径くらいの筒の中で振る感じです。

体重移動派はこの筒にぶつからないように振ることでスエーを防げます。

一方、回転派にとっては多少左右に揺れながらスイングしてもよくなります。回転スピードはやや落ちるかもしれませんが、タイミングは合いやすくなる。オートマチックに入る体重移動も多めになるので飛ばなくなることはありません。

このイメージをもつとバックスイングでは右股関節、切り返し以降は左股関節が軸の感じになります。もちろん体重移動派は二軸、回転派はその場で回転するイメージのままでOK。ともにマイナス要素が軽減されて曲がりにくくなります。

バックスイングで右股関節
切り返し以降は左股関節が軸

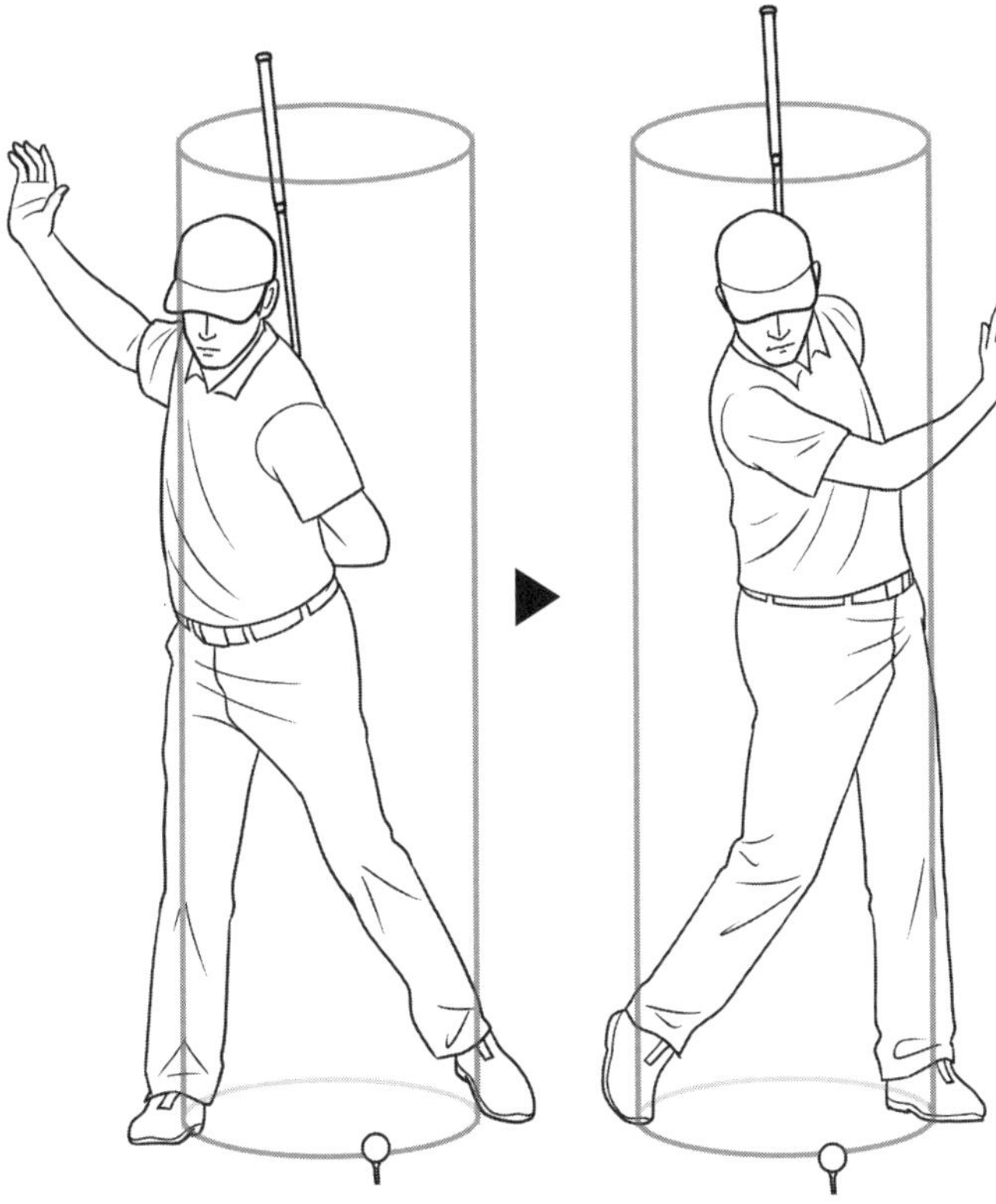

体重移動派は筒にぶつからないように振る。回転派は多少左右に揺れながらスイングしてもいい。タイミングが合いやすくなり、自然な体重移動も多めになる

飛ばしのポイント

70

スイングイメージ

ベルトを水平に回すイメージで振る

体の上下動によってもスライスやフックはもたらされます。

アマチュアに多いのはバックスイングで上体が伸び上がるパターン。体が反る感じになって目とボールの距離が離れるため、ダウンスイングで打ちにいくことになる。それによって右肩が下がって左腰が開き、すくい打つ格好になってスライスします。また、同様にバックスイングし、ダウンスイングで上体が突っ込むとヘッドが上から入ってフックやヒッカケになります。

心あたりがある人は、ベルトを水平回転させるイメージでスイングしてみましょう。バックスイングで高い位置にクラブを運ぼうとすると体が伸び上がってベルトの水平を保てないので、そこまで高く上げる必要はありません。そういう意味では、**ベルトの水平回転と同時に、バックルを下に向けたままにしておく意識ももつといいでしょう。**

付け加えておくと、伸び上がりやすい人が肩をレベルに回すイメージをもつとあおり打ちになるので気をつけましょう。肩についてはレベルではなく、左肩をしっかり下げてタテに回すことで伸び上がりを防げます。

体の上下動によるスライスやフックを防止する

ベルトを水平回転させるイメージでスイング。バックスイングでは高い位置にクラブを運ばなくていい。バックルを下に向けたままにしておく意識をもつ

飛ばしのポイント

71

フットワーク

打ったら右足を外から上げる

下半身の粘りが足りないためにスライスやフックになってしまうアマチュアもたくさんいます。

飛ばすには下半身を使う必要があります。特にプロは「右足で地面を蹴りながら打つ」といいます。

確かに効果的で、飛ばし屋のプロはダウンスイングでグリップが右腰のあたりにきたタイミングで右足をヒールアップしはじめます。

しかし、アマチュアがこれを意識しすぎると右カカトが上がるタイミングがまちまちになり、早すぎるとスライス系、遅すぎるとフック系のボールが出やすくなります。

というわけで、右足を蹴るようにヒールアップするのは構わないとしても、いきなりカカトを上げないほうが安全。**ダウンスイングからインパクトで右足内側で地面を踏んだら、外側から足を剝《は》がしていくように上げるのがおすすめです。**

イメージとしては両足をつけたままベタ足で打ち、なるべく右足を粘らせて外側から上げる。意識するほど早く上がりますから地面を押す感覚で右足を使う。こうすると体が早く開くのを抑えられます。

右足を蹴るときにいきなりカカトを上げない

ダウンスイングからインパクトで右足内側で地面を踏み、足の外側からめくれるように右足を上げる。ベタ足で打ち、右足を粘らせておくイメージ

飛ばしのポイント

72

スイングイメージ

ヘッドの最下点に向けて振る

「ドライバーはダフるつもりで振ればいい」というプロがいます。

ただし、ボールを打ちにいってダフるのはただのダフりなので、**ヘッドの最下点で芝を擦れと説きます。**

ドライバーのアドレスではボールを体の真ん中よりも左に置いています。ボールを打ちにいくと、ボールのすぐ手前でダフるのでミスになる。でも、ヘッドの最下点で芝を擦るぶんには大きなミスにはなりません。

「ダフったはずなのに意外と飛んだ」という経験があると思いますが、これはある意味正しいダフり。つまり、**ヘッドの最下点に向かってヘッドを下ろし、ソールを滑らせればアッパーブローで打てるわけです。**「打つときにはボールを意識しない」とプロがいうのはこのため。ボールに当てているのではなく、勝手に当たっている。だからダイナミックに振れて飛ぶのです。

ボールとヘッドの間を空けてアドレスするプロもいますが、これは最下点に向かってヘッドを振り下ろしたいからです。打つ前にはアイアンと同様、素振りで自分の真下の芝を擦りましょう。

ヘッドの最下点で芝を擦る

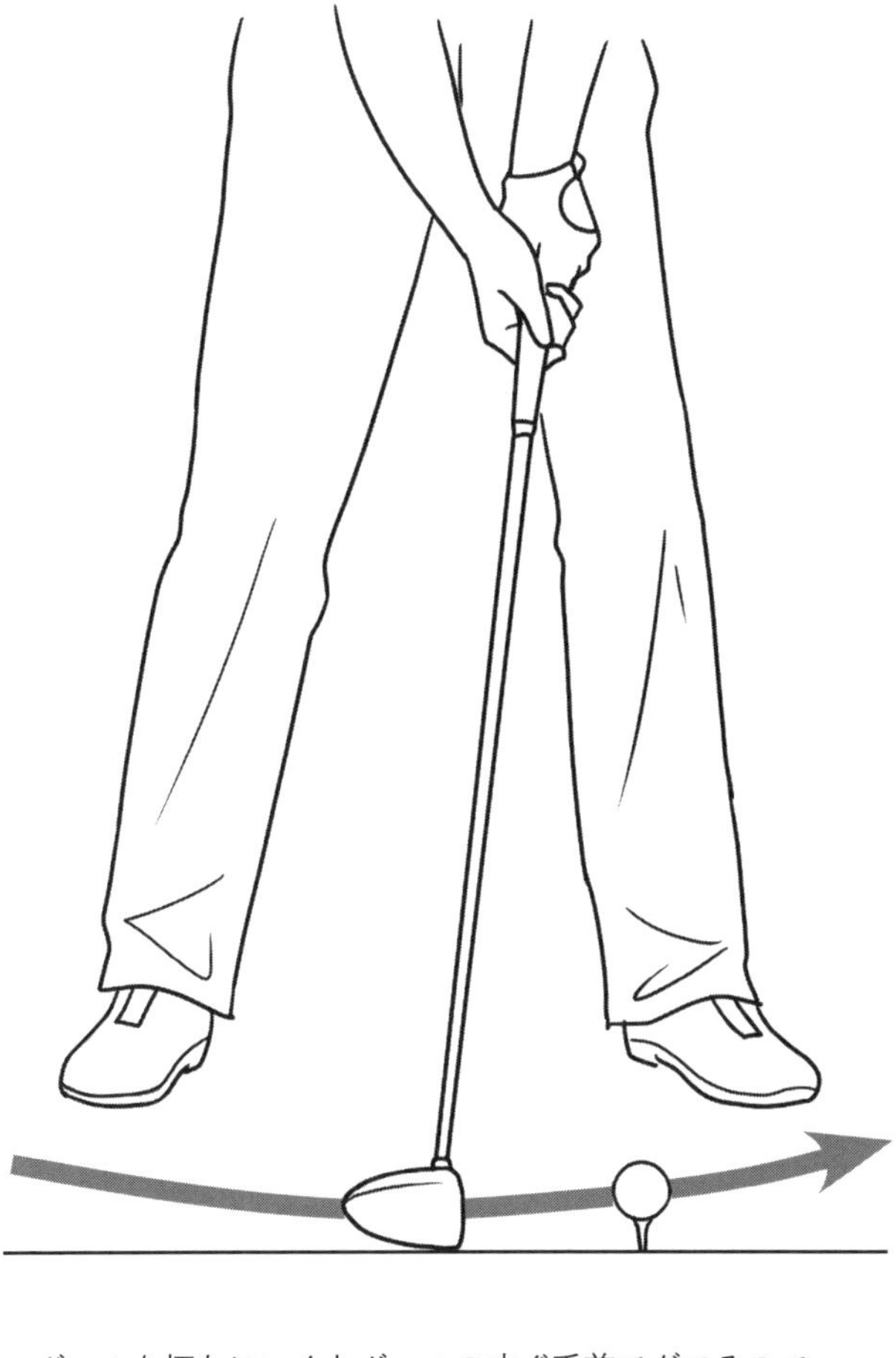

ボールを打ちにいくとボールのすぐ手前でダフるので
ミスになるが、ヘッドの最下点で芝を擦るぶんには大
きなミスにならない。最下点に向かってヘッドを下ろ
しソールを滑らせれば、アッパーブローで打てる

飛ばしのポイント 73

セットアップ

ティアップの高さを変える

ラウンドでは突然スライスやフックに見舞われることも珍しくありません。そんな場合、いきなりスイングを変えるのは無理です。

とはいえ、何らかの手は打たなければいけない。そこで役に立つのがセットアップを変えることです。

一番簡単なのはティアップの高さを変えること。スライスが出たらティアップを高く、フックが出たら低くします。

ティアップを高くするとヘッドが上昇しながらボールをとらえるアッパーブローのイメージが出ます。

スライスの主な原因はアウトサイドインとダウンブローの軌道。高くティアップしたボールに対して上からヘッドが入るとテンプラになるため、アッパーに入りやすくなります。

逆にフックはインサイドアウトでアッパーになりすぎることが主な原因。

低くティアップすれば、上からヘッドを入れるイメージで打てるのでエラー動作と相殺されます。

ボールの位置でも対応できます。**スライスしたらボールを左寄り、フックしたら右寄りにする。**前者はヘッドがややインサイドに入る軌道上にボールがあるので左に、後者はややアウトに動く軌道上でボールをとらえるので右に飛びやすくなります。

第5章

飛ばしのメカニズムを知る
科学で飛ばす！

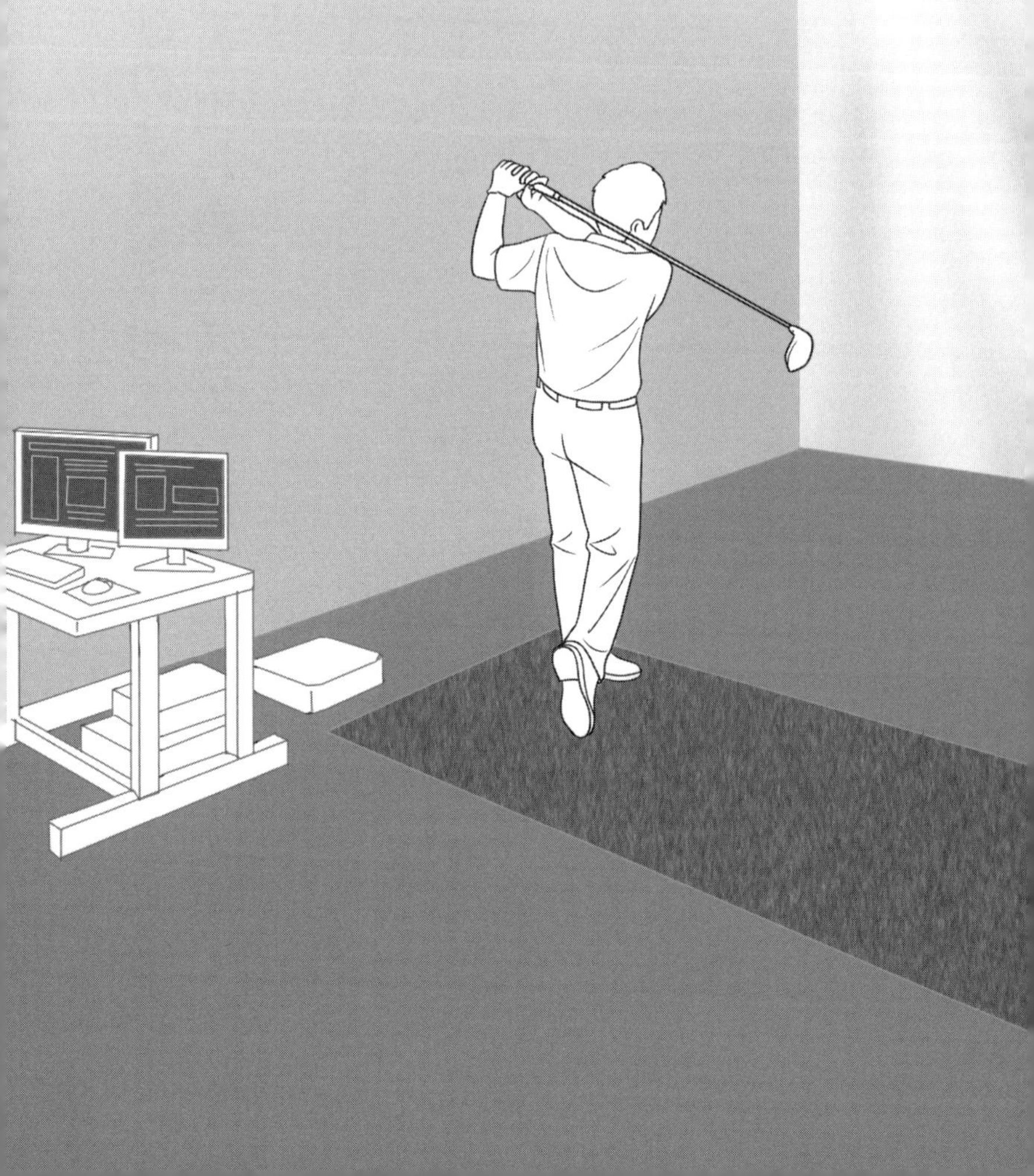

飛ばしのポイント

74

飛ばしの要素

飛びの3要素「初速」「打ち出し角」「スピン量」

飛距離は「ボール初速」「打ち出し角」「スピン量」の3つで決まります。打ったボールのデータが細かく計測できるようになり、飛距離において3つの要素が大きく影響していることが明らかになりました。

ボール初速とは、インパクト後に打ち出された瞬間のボールのスピードのこと。

打ち出し角は、打ち出されたボールの軌道と水平線でできる角度。

スピン量は、ボールにタテ方向にかかる回転量で、飛ぶ方向に対して反対に回るバックスピン量のことです。

ボール初速は速ければ速いほど飛びます。打ち出し角は高ければいいわけではなく、逆に低すぎてもいけない。スピン量も適度な回転数が必要で、多すぎても少なすぎても飛びません。

あくまで理論上ですが、できる限り速い初速の球を適度な角度で打ち出し、これまた適度なスピンを得ることでマックスの飛距離を出せるということです。

3つの中で最も大きな役割を担うのはボール初速で、ヘッドスピードに比例して速くなります。

ただし、これはロボット実験の結果。常にミートできること（フェースの芯に近いところでスクエアインパクト）が前提です。

アマチュアが打った場合、同じヘッドスピードで打てても、ミートできたときと、そうでないときではボール初速が大きく変わります。**ヘッドスピードが速くてミート率が高いのが最強ですが、ミート率さえ上がればヘッドスピードが遅めでも飛ぶ。**小柄な女子プロでも250ヤード飛ばせるのはミート率が高いからです。

最適な打ち出し角は、ロフト角プラス３～８度ほどといわれますが、市販のクラブのロフトは表記より1～2度寝ていることが多いので、最適な打ち出し角はもう少し大きくなります。

スピン量についてはヘッドスピード40m/sで毎分2700回転、45m/sで同2300回転くらいが最適。ヘッドスピードが遅めならロフトが多め、速ければロフトが少なめのクラブを使うことで適正なスピン量に近づけることができます。

飛ばしのポイント

打ち出し角とスピン量は密接に関係していて、基本的にはスピン量が多いと高弾道、少ないと低弾道になります。

ところが、**最近の人気ドライバーは高弾道で低スピンをうたい、実際にそのスタイルで飛ばすようにできています。**

また、ボールにもディスタンス系とスピン系があり、クラブとのマッチングで最大飛距離を得られます。スピン量はアマチュアでも、道具である程度コントロールできるようになってきたので、飛ばすにはボール初速をアップさせることを考えるといいでしょう。

飛ばしのポイント 75

ミート率

飛距離アップにはヘッドスピードよりミート率が大事

前項ではボール初速を上げるにはヘッドスピードよりミート率が重要と記しましたが、その点について、もう少し説明しておきましょう。

飛ばすには運動エネルギーが必要です。このエネルギーは「K＝½mv²」という方程式で導かれます。K＝運動エネルギー。m＝質量。v²＝速度の2乗。

運動エネルギー＝½×質量×速度の2乗

というわけです。

簡単にいえば、運動エネルギーは質量に比例し、速さの2乗に比例する。重いクラブを速く振れば、大きなエネルギーが得られて飛ぶということです。

ここまでは至極当たり前なのですが、これがアマチュアには必ずしもあてはまりません。マッチョの男性が重いヘッドのドライバーを恐ろしい速さのヘッドスピードで振り回しても、身長150センチ台の女子プロより飛ぶとは限らないのです。

こうなるのは明らかにインパクト時のエネルギーの伝達効率がよくないから。つまりミートできていないからです。ミート率は「ボール初速÷ヘッドスピード」で求められます。**この数値が1・5に近いとミート率が高く、飛ぶことがデータによって証明されています。**

飛ばしのポイント 76

打点

ヒールに当たると飛距離ロス。プロはフェースのやや上で打つ

プロはフェースの芯を外して打つことがあります。飛ばしたいときもそうで、真芯よりも少しだけ上でヒットするようティアップを高くしたり、ボールの位置をやや右にします。

なぜフェースの上めで打つと飛ぶのか？ それはギア効果によりスピン量が減るからです。ボールとヘッドの重心がヘッドの進行方向の同一軸線上で当たらない（芯を外す）と、ヘッドに回転する力が働きます。そこで生じるのがギア効果で、ボールにはヘッドが回転するのと反対方向にスピンがかかります。

フェースの上部でヒットすると、ヘッドには上方向に回転する力が働き、ボールには順回転する力が働く。そのためバックスピン量が減ります。

反対に、**ヒール側でヒットすると飛ばなくなります。**ボールがヒール側に当たると、ヘッドは反時計回り、ボールは時計回りに力が働きます。これは飛ばしにとってはマイナスのギア効果。ボールにスライス回転がかかってしかも上がりません。

もちろんトゥ側、フェースの下部に当たったときもギア効果は発生します。よく耳にする慣性モーメントには、ギア効果によって生じるマイナスを軽減する効果があります。おもにトゥやヒールヒットの場合に発揮されますが、最新のモデルは芯を上下に外した場合でも効果をもたらすようです。

飛ばしのポイント

77

ダウンスイング

ハーフウェーダウン時の最適なフェース角度とは?

ハーフウェーダウン（ダウンスイングでクラブが地面と平行になるあたり）でのフェースの向きは、スクエアインパクトに向けての指標のひとつになりますが、この適正値もデータで証明されています。

トッププロの場合、飛球線後方から見たフェースの角度が、地面に対して垂直から10度程度下向きの範囲に収まっています。このタイミングでこの角度になれば、おおむね前項で紹介したインパクト時のフェースターンが毎分360回転くらい、グリップの回転が1400回くらいになるとされています。

アマチュアの場合、ハーフウェーダウンでフェースが上向き傾向になる人と下向き傾向になる人に分かれます。15度程度上向きになるとアイアンでシャンクし、逆に15度程度下向きになっていると、打球が左に出ることが増えるそうです。

つまり、**ハーフウェーダウンでフェースの角度が適正な範囲に収まると、体の回転に伴ってフェースが閉じようとする動きになりやすい。プロがいう「手を使わない」スイングになり安定して飛ぶようになるのです。**

地面に対して垂直から10度程度下向き

トップブロは飛球線後方から見たフェースの角度が地面に対して垂直から10度程度下向きの範囲に収まる。アマチュアはハーフウェーダウンでフェースが上向きになる人と下向きになる人に分かれる

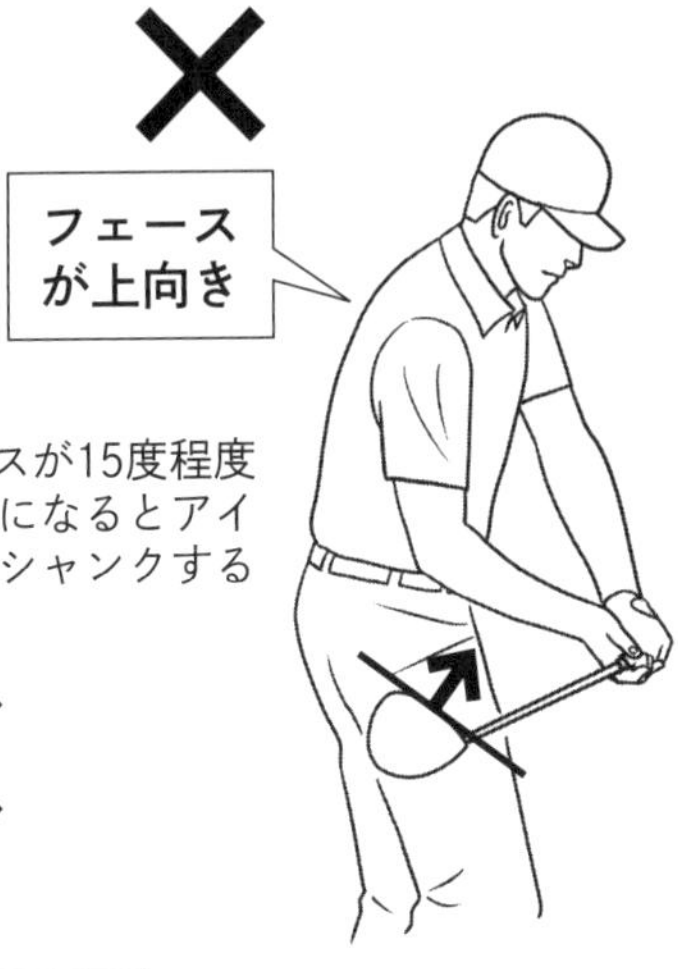

フェースが15度程度上向きになるとアイアンでシャンクする

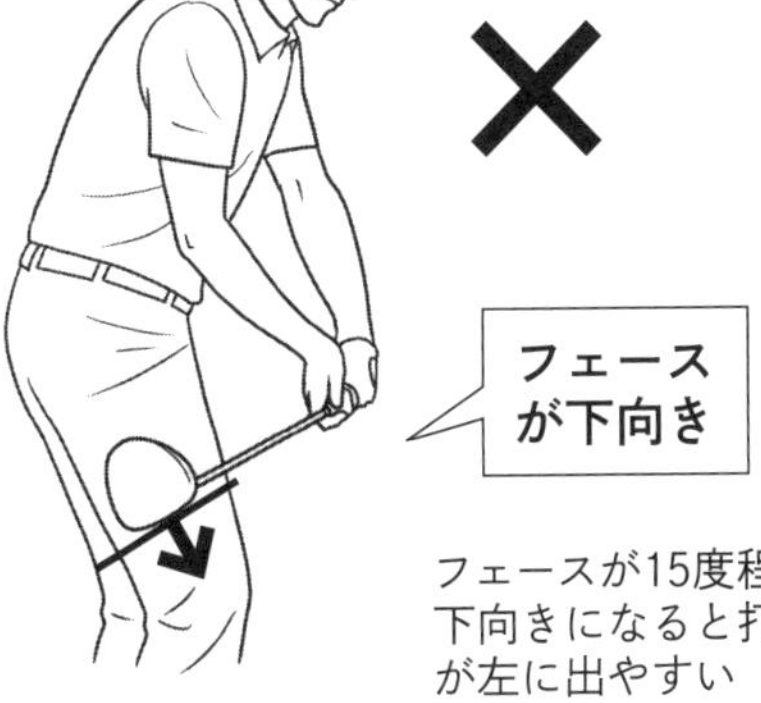

フェースが15度程度下向きになると打球が左に出やすい

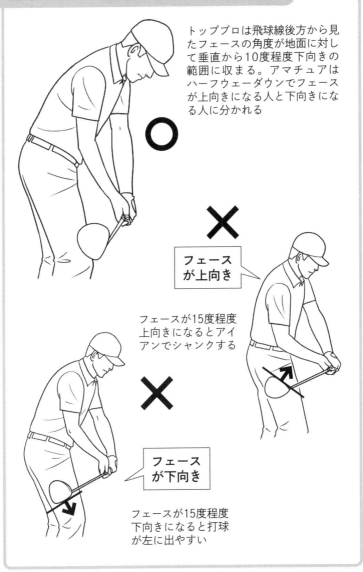

飛ばしのポイント 78

トップ

トップの肩のラインとシャフトの角度に注目

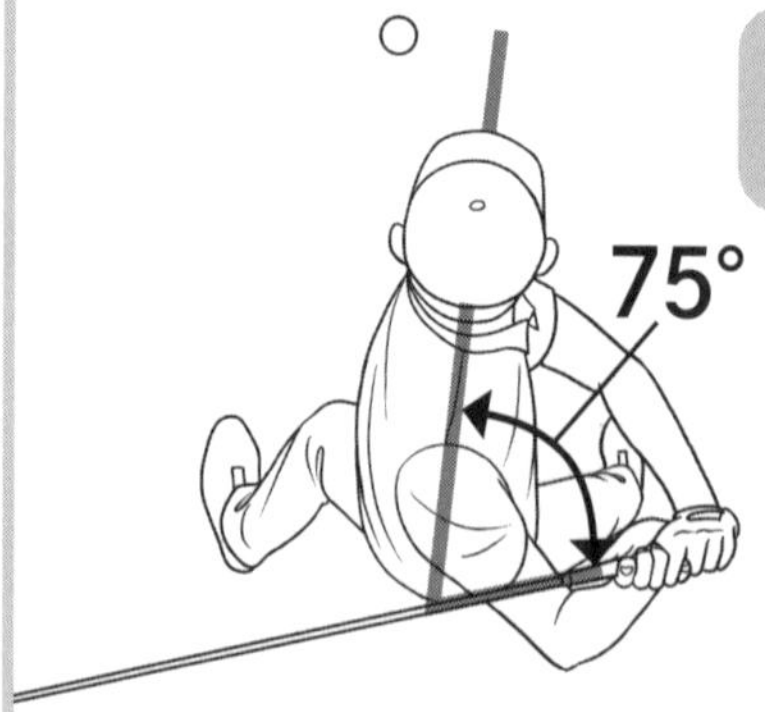

プロは肩のラインとシャフトが75度以内

肩のラインとシャフトの角度はプロで75度以内。アマチュアは90度以上がほとんど。プロは肩より低い位置からクラブが下り、アマチュアは肩より高い位置から下りる

スイングのエラーは、前のプロセスに問題がある場合がほとんど。ハーフウェーダウン時のフェース角度を直すにはトップのクラブ位置をチェックする必要があります。

プロはみな、肩のラインに対するシャフトの角度が75度以内になっています。アマチュアは大きく、90度以上の人がほとんど。

この違いは、ダウンスイングに移る際のクラブの高さにあります。すなわち、**プロは肩より低い位置からクラブが下りはじめ、アマチュアは肩より高い位置から下りはじめる。**前者はインサイドから、後者はアウトサイドからクラブが下りる。ここでスイング軌道が決まってくるのです。

両者の境界線は85度。それ以上になるとアウトサイドインになり、クラブを寝かすなどのエラー動作が出ます。

飛ばしのポイント 79

手の動き

スイング中の手の使用を裏付けるデータ

手を使わないと飛ばない、と第3章で紹介しましたが、これは科学的にも証明されています。

スイングをデジタル分析できるようになり、その動き方が解明されたのです。

スイングでは体が回転するとともに腕がねじれ、それに伴ってクラブフェースがターンします。開いたフェースが閉じながらインパクトするわけですが、どれくらいの速さで閉じているかというと、世界のトッププロの平均で毎分363回転。これは手を使ってこその数字だそうです(使わなければ0になる)。

アマチュアの場合、多い人で500～600回転。これはインパクトに向かって開いたフェースを急激に閉じることを示しているということです。

インパクトに向けてグリップをどれくらいねじっているかを示すデータもあります。

それによると、ダウンスイングで手元が腰の高さあたりにくるまでは大して動きませんが、それ以降は急激に左にねじれます。

その数値は世界のトッププロの平均で1秒間に1436度(1秒間の変化を度数で示す)。ダウンスイング時にフェースが多く開いていると2000～3000度になるといいます。

飛ばしのポイント 80 スイング

スイング中クラブは体の中心と引っ張り合う

飛ばしのスイングを科学的に解明する要素のひとつが〝みぞおち〟の動きだといいます。

結論からいうと、**ダウンスイング以降ではみぞおちが、クラブが動く方向とは反対の方向に動いているというのです。**

クラブが右に動きはじめる切り返しでは左に動きはじめ、ダウンスイング後半からインパクトにかけては右に動きます。この動きをトータルすると、みぞおちがループを描いていることもわかりました。

飛ばすにはクラブヘッドにかかる遠心力が不可欠で、遠心力はクラブと体が引っ張り合うことで増大するといわれてきました。しかし、実際に体のどの部分と引っ張り合っているのかはわからなかった。みぞおちのループとクラブの動きをつき合わせることで、体の中心部とクラブが引っ張り合っていることがわかったのです。

また、この間の胸の動きも注目に値するもので、プロの動きを見るとバックスイング、トップから切り返しに至る過程で5センチ近く沈みます。その後は目標方向に動きつつ高くなっていき、インパクトではアドレスの高さに戻っているそうです。地面反力を使って伸び上がりながら打つともいわれていますが、少なくともインパクト時点で、胸はアドレスの位置にあるということです。

飛ばしのポイント 81

スイング

手打ちでは「厚いインパクト」が得られない

ボールを打った際に「つかまった」「厚くインパクトできた」とか「当たりが薄かった」などということがあります。

ドライバーのインパクトの瞬間は、わずか1万分の5秒。一刹那《いっせつな》のことですが、こういった感覚はレベルを問わず誰にでも残ります。

こういった差は、なぜ生まれるのでしょうか？

もちろん芯でボールをとらえたか否かは大きな要因ですが、それだけではありません。ひとつはインパクト前後のヘッドの動き。

プロは**「ボールはゾーンでとらえる」**といいますが、まさにその通りで、クラブが正しく動くと開いて下りてきたフェースが閉じながらボールをとらえます。

この間にボールが潰れることで「つかまった」状態になります。「厚くインパクトできた」あるいは「厚くインパクトできた」状態になります。これはシャフトを大きくしならせてボールを弾くドライバーならではの動き。**ボールを点でとらえようとすると、こうなりません。**

そしていわゆる手打ちになるほど、この感覚にならないことも明らかになっています。感覚はボールとヘッドのマッチングなど外的要素でも変わりますが、基本的にはキネマティックシークエンスにのっとったスイングが感覚的にも実質的にも最も飛ぶということのようです。

飛ばしのポイント 82

スイング

スイングは振り子運動のままでいいのか？

スイングは振り子運動といわれます。科学的に見ると、振り子運動では位置エネルギーを使います。

位置エネルギーとは、物体が落ちるときに生まれるエネルギーのこと。これを使ってヘッドを走らせるのが振り子のスイングです。バックスイングでクラブを高い位置に上げ、ヘッドが落下するときの加速度を利用して飛ばすわけです。

切り返しからダウンスイングで力を抜くのも振り子運動ゆえ。力を入れると、ヘッドの軌道がブレることもあって位置エネルギーを効率よく使えません。

スイングが振り子運動といわれる理由のひとつは、長くて先が重いクラブを使うから。

昔はドライバーでも400グラム以上ありましたから、力で振り回すには限界があった。振り子運動でないと、うまく扱えなかったとも考えられます。

その時代に比べるとドライバーはずいぶん軽くなりました。

世界のプロは新しいクラブを駆使して飛距離を伸ばし続けています。フィジカル面の強さもありますが、日本のプロだって体は鍛えている。

でも、ズバ抜けて飛ぶ人は一握りでおもに若手です。そんな人たちのスイングは、振り子運動以外の要素が含まれているという説があります。

飛ばしのポイント 83 スイング

スイングは振り子運動だけにとどまらない

振り子運動だけで飛ばすには無理があると考える理由は2つあるそうです。

ひとつはクラブが軽くなって位置エネルギーが小さくなったこと。

もうひとつは、たとえばプレッシャーがかかった場面などでは、力を抜いてクラブを下ろすのが困難なこと。ある意味、常に主役は位置エネルギーを擁したクラブですから、いつまでたっても自分主体でスイングできないといいます。

また、スイングにおける振り子運動は二重振り子運動になります。

たとえば、首の付け根や左肩を支点とする振り子と、手首を支点とする振り子が同時に稼働する。しかも体の回転を伴いながらなのでタイミングを合わせるのが難しい。アマチュアが片手間で習得するには、かなりハードルが高いといえます。

この問題を解決し飛距離を飛躍的に伸ばすのが**「二点吊り子」**と呼ばれる手法です。

これは**両手の間隔を空けて持つスプリットハンドをイメージするとわかりやすい。**

そもそもゴルフのグリップは左手が上、右手が下になります。重なる部分はごく一部で基本的に両手は離れている。その間隔を広げるとクラブを二点で吊って持つ格好になるというのです。

飛ばしのポイント 84
スイング

二点吊り子なら振れば振るほど飛ぶ!?

能動的に体を使うとエネルギーが増す

飛ぶ人と飛ばない人のインパクトの違いは二点吊り子が入っているか否かだという。入っていれば積極的に動くほどボールにエネルギーが供給される

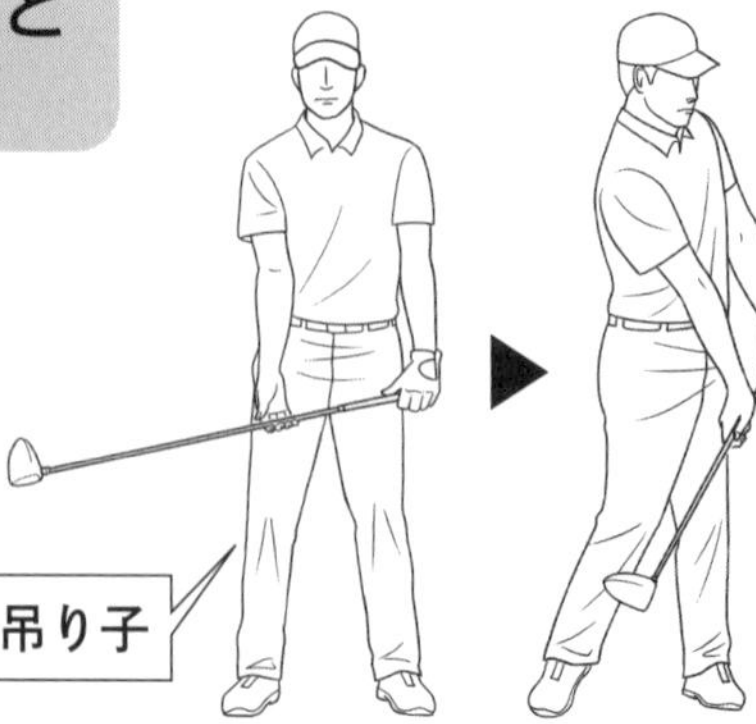

二点吊り子についてもう少し。

ヘッドがなく普通に長い棒を使い、振り子運動でボールを打つのは大変です。長いから離れて斜めに持たなければならない。短く持ったら余った部分が体に当たって振れません。

その点、二点で吊って持つ二点吊り子だと、短く持って余った部分を体の左サイドにズラしておき、その形のまま体を回せば当てやすい。ひたすら能動的に体を使えばエネルギーは増える一方だといいます。

プロで飛ぶ人と飛ばない人のインパクトの違いは、二点吊り子が入っているかいないかの違いだそうです。入っていると自力で積極的に動いてボールにエネルギーを与えられる。これに対し、振り子運動にとらわれすぎると位置エネルギーが主体になって、いわば受身のパワーしか使えないというわけです。

飛ばしのポイント 85 クラブ

大慣性モーメントには落とし穴もある

今やドライバーショットと慣性モーメントは切っても切れない関係。ニューモデルの紹介では多かれ少なかれこのワードが登場し、その大きさをアピールしています。

ドライバーにおける慣性モーメントは、シャフトを軸にしてヘッドを回転させた場合をイメージするといい。こうしたときに回しづらければ慣性モーメントが大きく、回しやすければ小さいということになります。

効果はミスヒットに対する寛容性。慣性モーメントが大きなクラブは、フェースのトゥ側やヒール側でインパクトしてもフェースの向きが変わりにくいため、打球が曲がりづらく飛距離のロスも抑えられます。

反面、そんなクラブを難しいと感じるゴルファーもいます。理由は意図的に打点をズラして打っても真っすぐ飛んでしまうから。球筋をコントロールできないのです。

ゴルフクラブの慣性モーメントは、上限値がルールで決められていますが（5900g・㎠まで）、最新のドライバーはすでにこの数値に近づきつつあります。

そもそも**慣性モーメントを大きくするほどヘッドは回転しづらくなるわけで、追い求めるほど振り遅れやすく、ボールがつかまりにくくなる一面がある。**大慣性モーメントには意外な落とし穴もあることを覚えておくべきでしょう。

飛ばしのポイント 86

ボール

ボールの回転軸をイメージする

ショットを打つとボールに回転がかかります。

よく知られているのはバックスピン。飛球方向に対して逆回転することで揚力《ようりょく》が生じてボールが上がります。また、パットで地面を転がる場合には順回転がかかります。

でも、ドライバーショットではきれいなバックスピンがかかることはありません。同様に、きれいなサイドスピンがかかることもありません。

つまり、ボールは軸が傾いた状態で回転しながら飛んでいる。スライスなら右に傾いて時計回り、フックなら左に傾いて反時計回りに回転しています。

プロは球筋をコントロールしますが、いいかえればボールの回転軸の傾きをコントロールしているということ。

たとえばスライスを打つなら、ボールの軸を右に傾けるようにイメージすると、ヘッドが上から下に動く過程でボールをとらえるアウトサイドイン軌道になりやすい。フックなら軸を左に傾けるイメージでスイングするわけです。

ボールを真っすぐ飛ばそうとするばかりではショットの幅は広がりません。

「曲がる」から「曲げる」の方向に発想を転換できれば幅が広がり、結果的に飛距離アップにもつながります。

第6章

間違えていませんか？
飛ばしのギア選び

飛ばしのポイント

87

クラブ選び

ドライバー選びは総重量から着手する

「スコアは金で買え！」などといわれます。いいクラブを使えばスコアはよくなるというわけですが、一理あり。特にドライバーはその傾向が顕著で、相性の良し悪しはあるものの、おしなべてニューモデルは飛んで曲がらない。スコアがお金で買えるかはわかりませんが、飛距離はお金で手に入ります。

とはいえ、いかんせん種類が多い。試打したとしても、スイングが不安定なアマチュアが自分にドンピシャの1本を見つけるのは至難の業。ということで、この章ではドライバー選びに必要な基礎知識を紹介します。

一番の拠り所にすべきは総重量。振れる範囲で、できるだけ重いクラブを選ぶことです。

ドライバーの重さは、おおむね250〜330グラム。当たり前ですが、何度振っても重いと感じたら重すぎ。ヘッドスピードを測ると4〜5発打っただけでも数字が上下するはずです。そこまで重くなくヘッドスピードが安定する重量が適正です。

重めのクラブは手先で扱えないのでスイングが全身運動になりやすい。ヘッドが重いため遠心力も大きく、シャカリキに振らなくてもヘッドスピードが上がります。当たり負けしづらいのもメリットです。

軽いクラブは振りやすいですが、小さな力でも扱える。手先で上がるし、体の回転も浅くなりがちです。第一印象はいいので一目惚れしがちですが、そのうち飛ばなくなります。

弾道も選択の目安になるので、計測器があったらチェックしながら試打しましょう。総重量が軽すぎると手先で振れますから弾道が不安定になりやすい。器用に使える体の部位がクラブの動きにちょっかいを出します。適度に重いとそうはいかず、クラブに頼った動きになる。スイングの再現性が高くなるぶん弾道が安定します。

ドライバーはショットを打つクラブの中で最も長いのに最も軽い。それが軽すぎると14本のセットの流れも作れません。次から次に軽いモデルが出てくるドライバーに対して、アイアンはそこまで軽くなっていないからです。ドライバー選びの際には、使用中のアイアンを持っていき、両者の〝振り感〟を比較してみるのもいいでしょう。

飛ばしのポイント

また、**最近のモデルはミスにも寛容で、人気の高いモデルはトゥ側やヒール側でヒットした場合でも、それほど飛距離が落ちない作りになっています。**最新モデルの中には、フェースの上部や下部に当たったボールでさえ、ちゃんと飛ばしてくれるものがある。たとえばヘッドスピードが40m/sでも、芯に当たれば軽々260ヤードを超え、フェースの上下に当たっても240〜250ヤード飛ぶといった具合です。

高機能ゆえ高価になり、簡単に手が出せなくもなっていますが、誰でも恩恵を受けられるクラブになっていることもまた事実です。

飛ばしのポイント 88

クラブ重量

スイングリズムが早ければ軽め、遅ければ重め

クラブの適正重量はスイングタイプによっても変わりますが、とりわけリズムは大きく影響します。**「振れる範囲でできるだけ重い」**が前提で、スイングリズムが早い人には軽め、遅ければ重めのドライバーが向きます。

早く動くには軽いほうが動きやすいし、ゆったり動くなら重くてもいい。ここで気をつけたいのはスイングバランスです。

これはスイング中に感じる重さの指標で、最も軽いA1から最も重いE9まであります。いわゆる「振り心地」を表したものですが、スイング中に感じるヘッドの重さと考えればいいでしょう。

全番手のスイングバランスが揃うと、全てが同じ振り心地でスイングできる気がしますが、理論上はそうでも感覚的にはそう簡単ではありません。ですが、スイング中に「ヘッドの重さを感じる」のはクラブを生かすうえで必要なこと。ゆえに**ヘッドが最も軽いドライバーのスイングバランスは気にしたほうがいい。**一般的にはD0~D2を目安に、リズムが早ければ軽く、ゆっくりなら重めにする。1ポイントは2グラムなので、鉛を貼るだけでもバランスを調整できます。ちなみに、リズムが早い人はしっかりめ、ゆったりの人はゆるめのプレッシャーでグリップするのがおすすめです。

飛ばしのポイント 89

クラブの長さ

打球が散るようなら長さを疑う

現在ドライバーの長さは45・75インチがスタンダード。ヘッドとシャフトの進化と軽量化で以前より長くなっていますが、プロが使うドライバーの長さは44インチ台から長尺までまちまち。**長ければ飛ぶ、というわけではありません。**

長いクラブは打ちにくいけれど短いクラブは打ちやすい。ドライバーも同じで1インチ短いだけでグッと振りやすくなります。

長さを決める要素は振り切れることとミートしやすいこと。振り遅れてプッシュアウトするのは長すぎるせいかもしれません。

また、ボールが上がりすぎる場合も長すぎないか疑うべき。下からあおるように打つ格好になって打ち出し角が高くなりすぎている可能性があります。

あるクラフトマンによれば、アマチュアがミート率を落とさずに振り切れる長さの目安は45・5インチまでだそうです。これより長くて打球が暴れるなら、ひとまず短く持ってみる。ラウンドで飛ばそうとして長く持ってしまうようならカットするのも手です。

もちろん購入時に試打をする際にも短く持ってみる。わずか半インチでも当たり方が変わるだけでなく、飛距離も伸びていることに気づくはずです。

飛ばしのポイント

90

クラブヘッド

ヘッドの進化でボールも上がればスライスでも飛ぶ

ドライバーヘッドの体積はルール内で最大の460ccが主流です。

クラブヘッドは大きいほど、当たったときに真っすぐ飛びやすいスイートエリアが広くなるので、大型ヘッドはやさしく、結果的にミスになりづらいといえます。反面、大きい分、操作性は劣るのでドローやフェードを打つなど球筋を操りたい人には小さめのヘッドが向きます。

ヘッド形状は見た目が平べったい感じのシャローヘッドとフェース厚のあるディープヘッドの2種類。前者は投影面積がやや大きく、後者はやや小さめです。

打球の上がりやすさを左右する要素のひとつにヘッドの重心位置があります。重心位置が低いと上がりやすいわけですが、簡単にいうと**シャローのヘッドは低重心。ボールが上がらず飛ばない人におすすめです。**

ディープはシャローに比べて重心位置が高い設定でボールが上がりづらいですが、直進性には長けています。

ランが出やすく風に負けない強い球が打てるだけでなく、ヘッド体積が同じでもディープのほうが操作性が高いといえます。

ただ、昨今は両者の見た目がそれほど変わらなくなっています。ほぼ同じ形状のヘッドの中で各メーカーが工夫を凝らし、重心位置や重心深度をコントロールしているからです。

打球の上がり方はフェースについたロフト角によっても変わります。アマチュア向けのドライバーは9～11・5度あたり。ロフト角が大きければ高弾道、小さければ低弾道になります。ヘッドスピードが遅めの人には前者、速い人には後者が向きます。

というのも、ロフト角が大きいほどボールのサイドスピンが減り、特にスライスを軽減できるから。逆にヘッドスピードが速い人がロフト角の大きなヘッドを使うと打球が上がりすぎて飛距離をロスします。

ヘッドスピードが遅くても上から打ち込みやすい人はロフト角が小さめなど、スイングタイプよってロフトは変わります。その点、ロフト角やライ角、フェース角などを変えられる可変式、俗にいう〝カチャカチャ〟は便利な機能です。

飛ばしのポイント

ヘッドの選択基準はシンプルに、自分はスライスしやすいか、フックしやすいか、打球が上がりづらいか、上がりやすいかを判断し、それをカバーしてくれるタイプを選べばいいですが、構えたときのヘッドの感じ、いわゆる**〝顔つき〟もスイングに影響する**のでおろそかにしないこと。

スライスは飛ばない代名詞のようにいわれますが、今の性能からすればクラブ次第で飛ぶスライスにできる可能性が高い。いずれにしても各々のスイングの特徴と持ち球を踏まえ、それに合ったタイプのヘッドを選ぶことが飛距離を手に入れる近道になります。

飛ばしのポイント

91

クラブヘッド

適正な打ち出し角を演出する重心深度

飛びの3要素のひとつであるボールの打ち出し角は、ヘッドスピードとインパクトに向かうときのヘッドの入り方（入射角）によって決まります。

ある大手メーカーが計測したところによると、ヘッドスピードが40m/s以下なら15～18度、40～43m/s程度なら13～16度、44m/s以上なら12～14度くらいが適正な入射角。この角度で入るとボール初速がマックスに近づくそうです。

ヘッドの入り方については、ヘッドの重心深度が影響します。

重心深度とはヘッド内部の重心点からフェース面までの垂直距離で、長いほど重心深度は深くなります。

重心深度が深いとインパクトでヘッドのテールが下がりやすい。いいかえるとフェースが上を向くので打ち出し角が高くなります。

逆に重心深度が浅いとインパクトでフェースが上を向きづらいため、打ち出し角は低くなりますが、インパクト時のロフトは立つので強い球が打てます。

シャフトの挙動も打ち出し角を左右する要素です。

簡単にいうと、ヘッドは走るほど先行する。そのぶんフェースが上向きでヒットするため打ち出し角が高くなる。ヘッドが走る先調子のシャフトほど、こうなりやすいということになります。

これらの事実から考えると、**ヘッドスピードが遅めで、打球が上がらずに飛ばないゴルファーには重心深度の深いヘッドが合っている**といえます。ヘッドは適正なはずなのに飛ばないようなら、先調子のシャフトにすると打ち出し角が適正になり飛ぶようになる可能性があります。

これに対し、**ヘッドスピードが速い人には重心深度が浅いヘッドが向く。**深いモデルを使うとスピン量が多すぎて打球が吹き上がり、飛距離ロスを招きます。シャフトでいえば手元調子系のほうがいいわけです。

飛ばしのポイント

市販のドライバーのロフト角は9度から11・5度程度。多くのアマチュアゴルファーは可変機能を使って10・5度くらいにしているようですが、本当に大事なのはインパクトロフト。インパクト時のフェースの上向き加減とヘッドスピードによって適正値が変わります。もしデータ計測ができる試打環境があるならば、打ち出し角をチェックしたほうがいいでしょう。

飛ばないからとボールを上げにいってすくい打ちしたり、つかまらないからと上からヘッドを入れるゴルファーは引きも切らないのですが、今のクラブはそんなことをしなくてもいいように多くのスペックバリエーションが用意されているので、これを利用しない手はありません。とりわけ練習時間がとれない人には断然フィッティングがおすすめです。

飛ばしのポイント

92

クラブヘッド

重心距離が長いクラブは条件付きで飛ぶ

ヘッドの性能は重心によって変わりますが、重心距離も要素のひとつ。重心距離とはフェース面の重心からシャフトの中心軸の延長線に引いた垂線の長さ。長ければ重心距離が長く、短いほど重心距離は短くなります。

重心距離が長いと無条件で飛距離、方向性ともにアップすると思っている人が多いようですが、そうではありません。

ネックに近い部分を両手のひらで挟み、竹とんぼのようにシャフトをくるくる回してみると、大型ヘッドは明らかに回しづらい。これは重心距離が長いからです。

ただ、スイングではヘッドをくるくる回しませんん。つまり、ヘッドが一定量で動くぶんには安定したローテーションを促してヘッドスピードを増す効果がありますが、ローテーションが多すぎると振りづらくなります。

たとえばテークバックでフェースを大きく開いてしまうとインパクトで戻りきらない。回りづらいので手を使っても戻せないのです。

重心距離が長いヘッドは、スイング軌道に対して常にフェース面がスクエアなスイングに導いてくれますが、適度なフェースローテーションをしてこそ威力を発揮します。

「重心距離が長い＝飛ぶ」ではない

重心距離が長いとヘッドが一定量で動くぶんにはヘッドスピードを増す効果があるが、ローテーションが多すぎると振りづらくなる。ダウンスイングで大きく開いたフェースはインパクトで戻り切らない

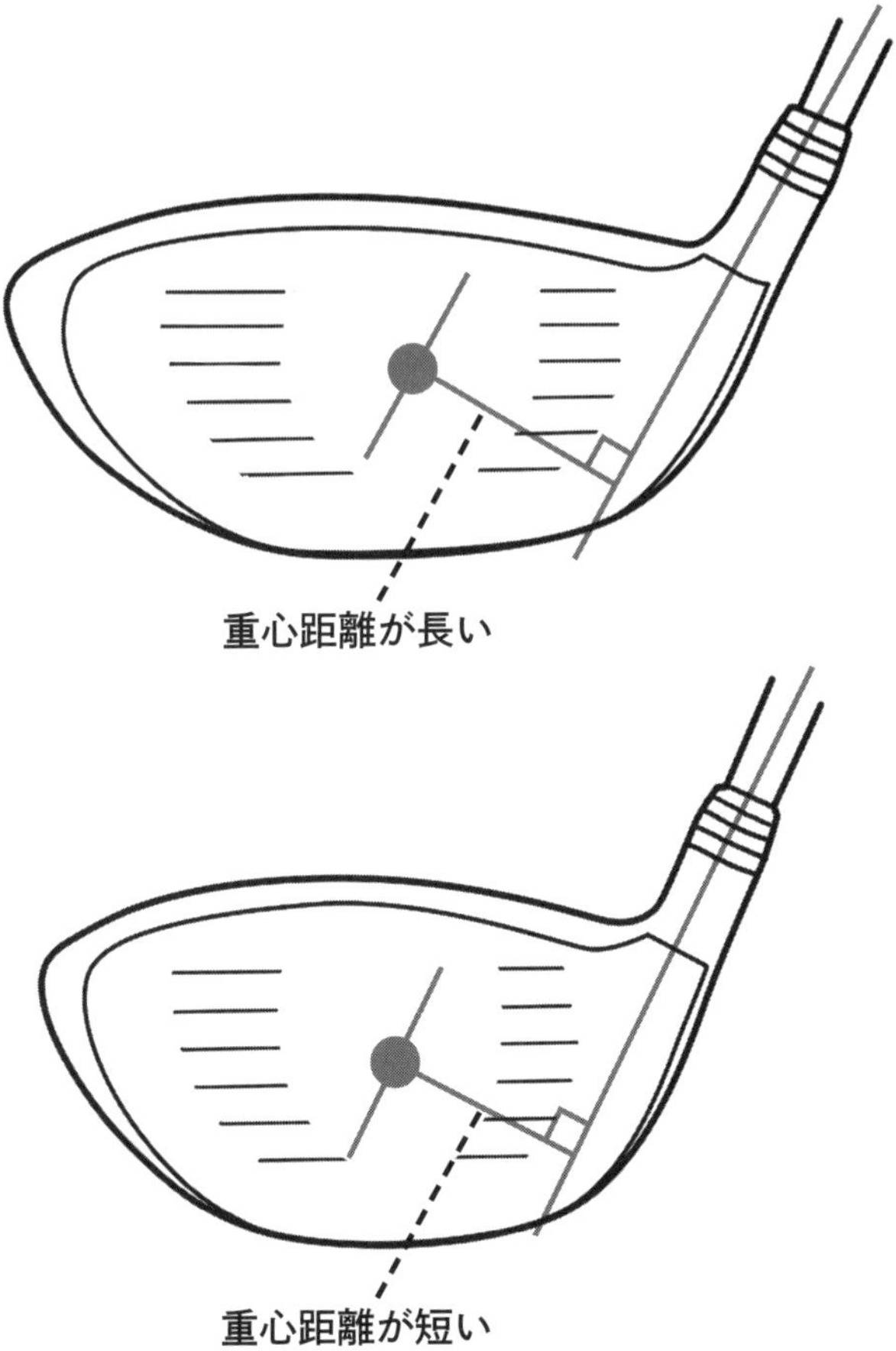

飛ばしのポイント

93

クラブヘッド

低重心ドライバーは芯を外したミスに弱い

ヘッドの性能を左右するもうひとつの重心が重心の高さ。 ヘッド内の重心からフェースに向かって垂線を引き、フェースと交わった点からリーディングエッジに向かって引いた垂線の長さが重心の高さです。

今どきのアマチュア向けドライバーは低重心がスタンダード化しています。 理由はアマチュアの打点がフェースの下部に集まる傾向があるから。フェースの芯より下で打つと、フェースが下を向きボールが上がりません。

そこで重心を低くして芯の位置を下げた。フェースの下部で打っても芯が近いので球が上がり飛距離ロスを防げるというわけです。

また、芯より上で打つとスピン量が減って飛びますが、低重心だとこうなりやすい。そのためヘッドスピードが速くてボールが吹き上がりやすい人にもメリットがあります。

ただ、低重心にするにはヘッドの上部を軽く、ソール側を重くして重量を偏らせるため慣性モーメントが減少します。大きくするには重量をヘッドの中心部から離れた周辺に配分する必要があります。低重心は飛距離アップが期待できる反面、オフセンターヒットのミスに対しては手薄になるのです。

今どきのドライバーは低重心がスタンダード化

フェースの下部で打っても球が上がり、飛距離ロスを防げるのが低重心。芯より上で打ちスピン量を減らすにも好都合だが、反面オフセンターヒットのミスには寛容でない

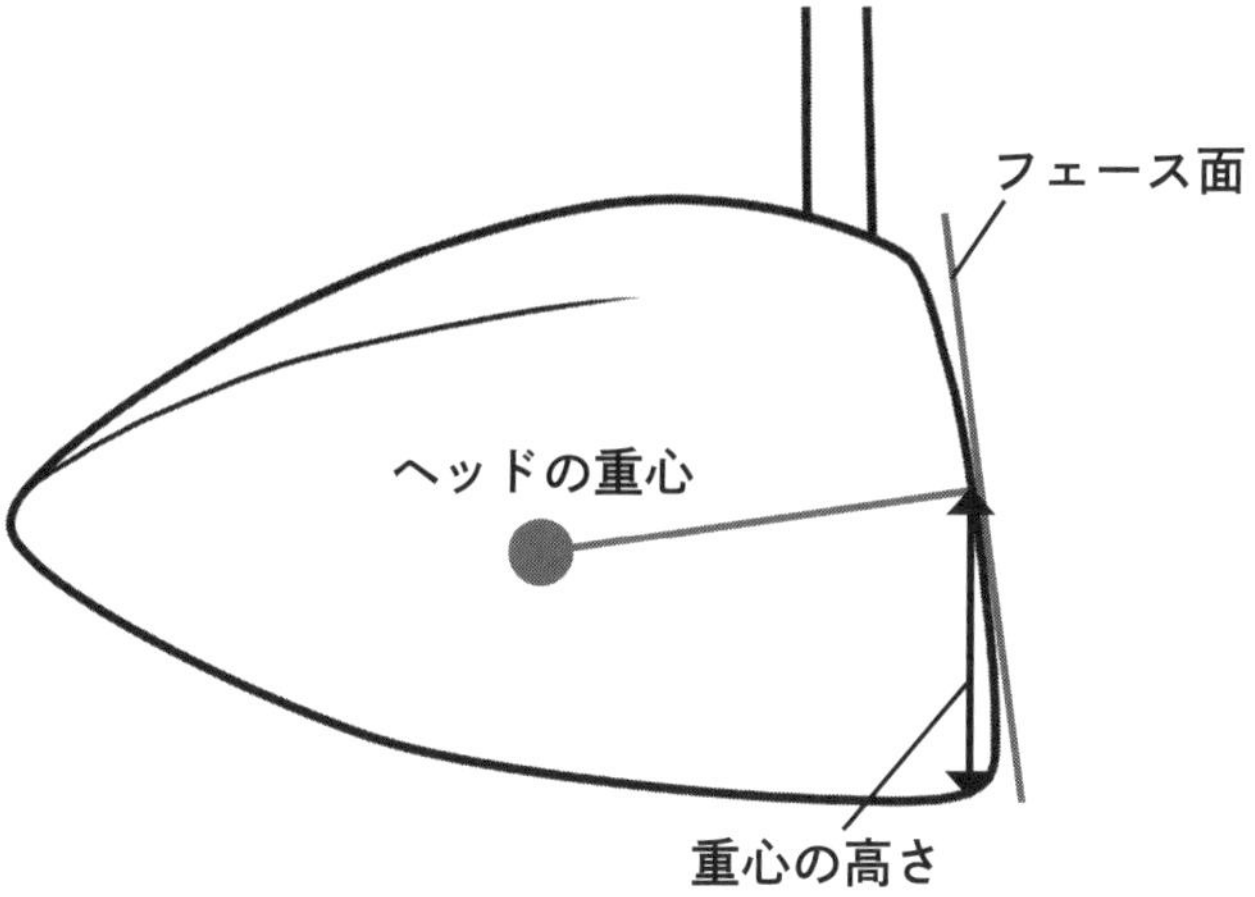

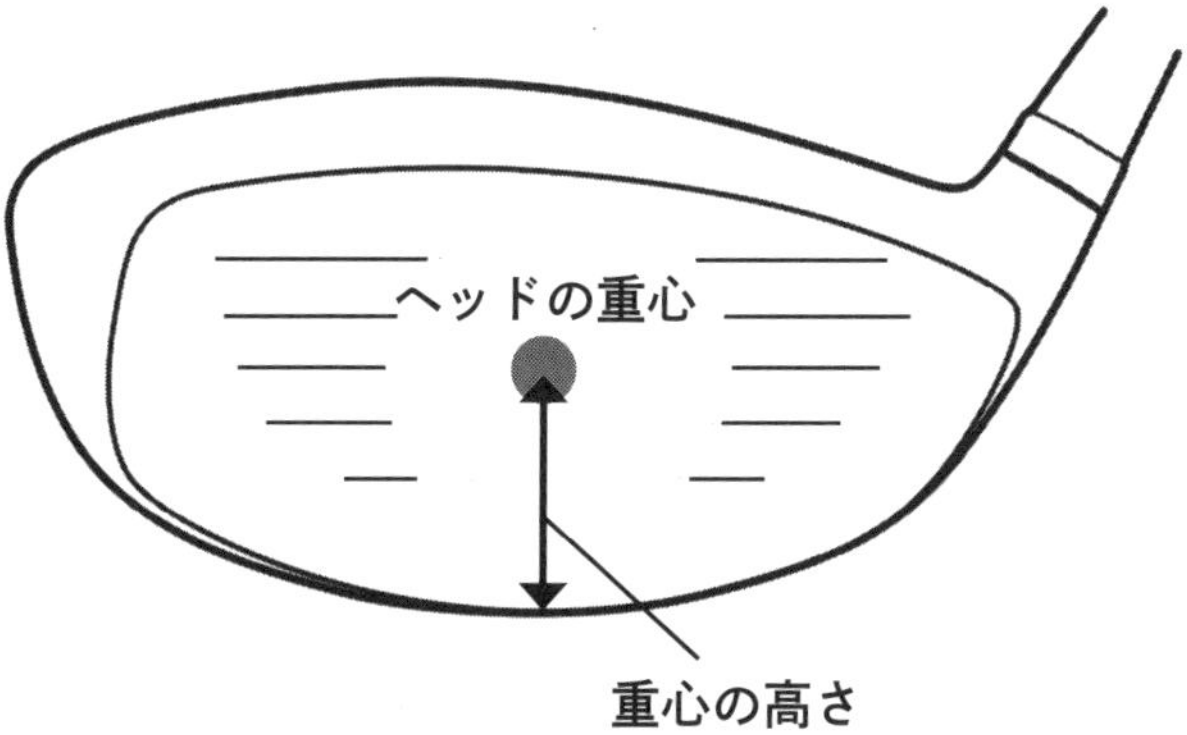

飛ばしのポイント

94

シャフト

誰にでも合う万能シャフトも登場

シャフトには純正とカスタムがあります。前者は多くのゴルファーが使える守備範囲の広さが売り。後者は個性が売りで、より自分に合ったものを選べます。

ドライバー選びの最重要事項は**総重量**ですが、これはシャフトの重さも含めた話。たとえばヘッドスピード42m/s前後なら50グラム台、45m/s前後なら60グラム台といった具合ですが、今は30グラム台の超軽量もあるので選択肢が広がっています。

次に大事なのは**硬さ（フレックス）**ですが、これについては統一基準がありません。L（レディース）、A（アベレージ）、R（レギュラー）、SR（スティッフレギュラー）、S（スティッフ）、X（エキストラ）などの種類があるのはご存知だと思いますが、同じ表記でもメーカーによって硬さが違います。

傾向としては、**柔らかいと飛距離が出やすいけれど、ミスしたときに曲がりやすい。硬いとミートはしやすいけれど、飛ばすにはパワーが必要です。**いずれにしても〝飛ばし＝硬いシャフト〟は間違い。ドラコンプロには柔らかいシャフトを使っている人もいます。

お次は**キックポイント。**シャフトの中で一番しなる部分のことで、手元が硬く先端が柔らかい先調子。手元が柔らかく先端が硬い元調子。手元も先端も硬い中調子。手元も先端も柔らかいダブルキックの4つがあります。とはいえ手元側が硬く、先端に向かって柔らかくなるのは大前提。そのうえでの硬さと柔らかさです。

先調子はヘッドが走ってボールが上がりやすく、元調子は上がりづらい。中調子はタイミングがズレにくく、ダブルキックはタメが作りやすいなどの特徴があります。

シャフトのねじれ具合を示すのが**トルク。**数値が大きいほどねじれます。**曲げたくなければトルクは小さめ、ボールをつかまえたければ大きめのトルクを選ぶといいでしょう。**

最近は軽くてもしっかり感がある、いわゆる〝軽硬〟シャフトが登場。ツアープロでも

飛ばしのポイント

重いシャフトから差し替えるプレーヤーが増えており、軽量シャフト＝ビギナーや非力なゴルファー向き、というイメージは払拭されています。

また、**今やカスタムシャフトの中にも〝全調子〟とも呼ぶべき高性能を備え、さまざまなスイングに対応できるタイプもあります。**

さらに、ヘッドに合わせて開発されたシャフトの中には、専用にワンスペックだけ用意されたワンフレックスと呼ばれるモデルもあります。ヘッドの種類が限定されますが、かなりの飛び性能を備えています。

いずれにしても、以前に比べるとアマチュアが選びやすい品揃えになっています。それだけに、選ぶ際には飛距離、コントロール、安定感など手に入れたいものを明確にしておくべきでしょう。

飛ばしのポイント

95

シャフト

トップから切り返しのしなり具合でシャフトを選ぶ

飛距離を求めるにしろ、方向性を求めるにしろシャフトは重要ですが、その適正を決めるのはしなり具合。とりわけトップから切り返しで、シャフトが大きくしなるかしならないかがシャフト選びの拠り所になります。

ここで**シャフトが大きくしなるタイプで飛距離を求める人には先調子**が合います。手元に対して先端が走り、適正な位置にヘッドを戻してくれます。

同じように飛距離を求める人でも、**それほどシャフトがしならないタイプには元調子**が向く。手元から先がしなる格好になってタイミングを作ってくれます。上級者向けの印象があるかもしれませんが、アベレージゴルファーにも合う人がたくさんいます。

しなるタイプで方向性を重視するなら中調子がおすすめ。全体が均一にしなるシャフトは、いいかえるとしなりすぎず挙動が安定しています。

しなりが少なめの人が方向性を求めるならダブルキック。文字どおり切り返しで手元側、インパクト近辺で先端側がしなる。それぞれの不足部分をキックポイントがカバーしてくれます。

切り返しのしなり方で適正シャフトをチョイス

トップから切り返しでシャフトが大きくしなるタイプには先調子が合い、しならないタイプには元調子が向く。しなるタイプで方向性重視なら中調子、しなりが少なめで方向性を求めるならダブルキック

飛ばしのポイント

96

シャフト

右から右、左から右に飛ぶ球はシャフトで直る

おもにアウトサイドインの軌道が原因でスライスする人は、クラブが軽すぎるかもしれないので、はじめに立ち返ってクラブの総重量を見直してみましょう。

トルクのチェックもおすすめです。トルクが大きくねじれやすいシャフトは、切り返しで柔らかさを感じます。ここでしなるとタイミングがとれて、慌てて手で引き下ろさなくなります。**トルクが大きいとフレックスは柔らかめになるので、その方向で硬さも変えると、アウトサイドイン由来のスライスも軽減できる可能性があります。**

先調子のシャフトはヘッドが走ってボールがつかまりやすくなるため、インパクトで開くフェースを閉じてくれる効果が見込めます。

これは出球が右に飛ぶゴルファーに恩恵をもたらすためスライサーに合うように思えますが、それは早計。右に出て右に曲がるプッシュスライスは抑えられても、左に出て右に曲がる、最も多いスライス症状には効きません。スイング軌道がインサイドアウトでフェースが開いて当たる人にはいいけれど、アウトサイドインで開いて当たる人が使うとヒッカケやチーピンを招きます。

プッシュスライスには先調子が効く

プッシュスライス

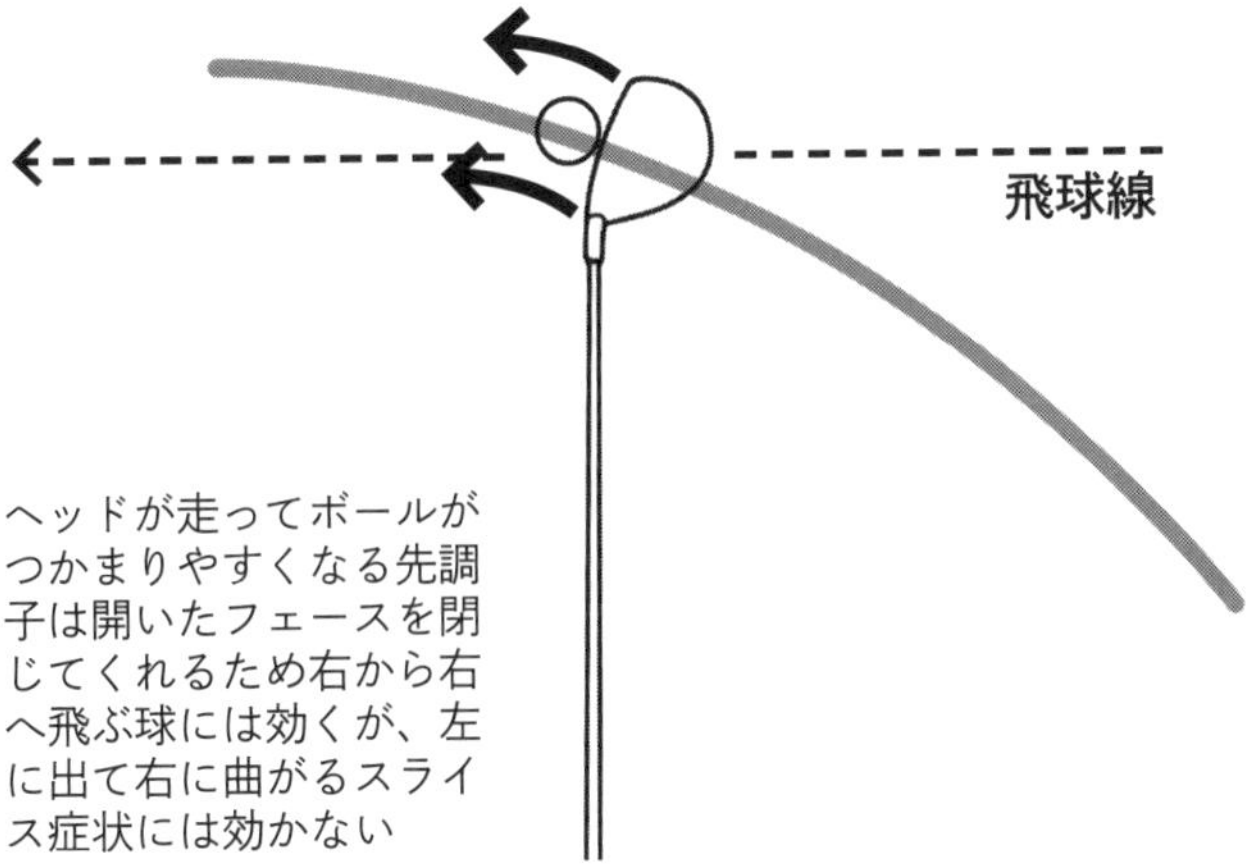

ヘッドが走ってボールがつかまりやすくなる先調子は開いたフェースを閉じてくれるため右から右へ飛ぶ球には効くが、左に出て右に曲がるスライス症状には効かない

アウトサイドイン

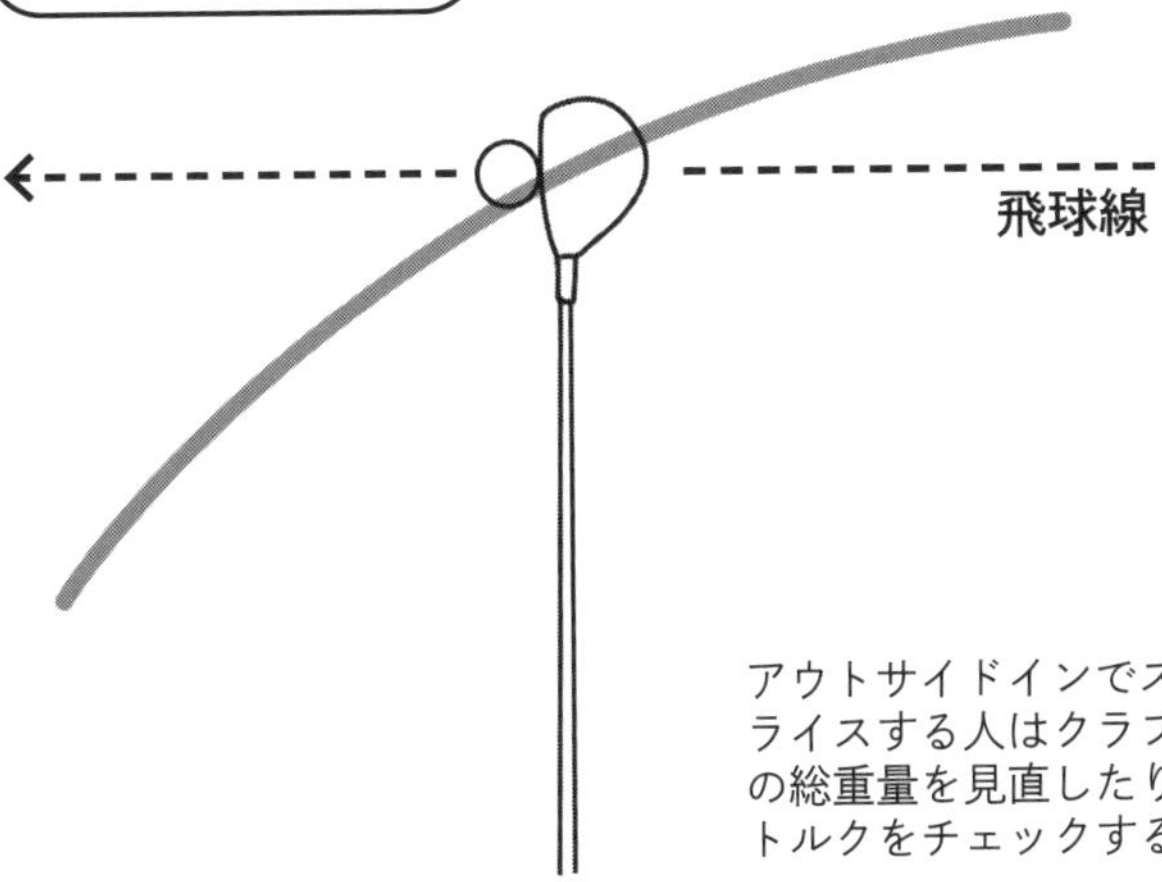

アウトサイドインでスライスする人はクラブの総重量を見直したりトルクをチェックする

飛ばしのポイント 97

グリップ

グリップは硬すぎても柔らかすぎてもダメ

クラブのパーツで最も消耗が激しいのはグリップ。中でもドライバーのグリップはその極み。グリッププレッシャーは感性に訴えかける部分も多いため、プロは頻繁に替えています。

プロの中にはシャフトやグリップの交換、チューニングを自分でやる人がいます。そんな人は信頼をおける人以外にはクラブを触らせなかったりもします。

アマチュアもグリップには注意が必要です。

表面がツルツルで硬くなっていたら、ギュッと握りしめないとスイング中に動いてしまいます。握れば腕の筋肉にも力が入りますからスイングにも悪影響を及ぼします。

かといって柔らかすぎるとシャフトも柔らかく感じるので適度な硬さも必要です。特に切り返しが速く、ダウンスイングでシャフトがしなるタイプは柔らかすぎるとタイミングがとれません。

感じ方は人それぞれなので一概にはいえませんが、しっかり振って飛距離を出したいドライバーやウッド系にはコード入りのグリップを入れたり、ラバーでも硬めのものを入れるなどしてグリップの柔らかさをコントロールすると飛距離に違いが出るかもしれません。

飛ばしのポイント 98

弾道

イメージできる弾道が一番飛ぶ

飛ばしたいとなったときに、まず気になるのがヘッドスピード。でも、データがとれる環境でクラブを選べるなら、ヘッドスピードよりボールスピード（ボール初速）に注目するべきです。

ボールスピードは飛びの3要素のひとつですが、ヘッドスピードが速い人がボールスピードも速いとは限りません。インパクトでフェースが開いたり、オフセンターヒットなどにより、クラブが生み出すエネルギーがきちんとボールに伝わらないとこうなります。

反対に**ヘッドスピードが速くなくても、ボールスピードは速い人がいる。**これが効率よくエネルギーが伝わっている証拠。**アマチュアが目指すのはこちらです。**

ドライバーの打球は高打ち出し角で低スピンが飛ぶといわれています。ドーンと高く打ち出して失速するようなイメージです。しかし、みんながみんな、この弾道を目指す必要はありません。

なぜなら**自分のイメージに近いボールが一番飛ぶから。**はじめから弾道が高い人が、打ち出し角の高いモデルを使うと上がりすぎる気がしてつかまえにいく。感性に合わないことで飛距離ロスを招くのです。

ドライバーには必ずあなたに合うスペックがありますが、無理に自分を変えるとそれを見落とします。

飛ばしのポイント

99

シャフトの硬さ

「同じフレックスなのに硬さが違う」を解決する振動数

あまり知られていませんが、**シャフトの個性を示すものに振動数があります。**

スイング中、シャフトはしなりやねじりを繰り返していますが、見方によれば振動し続けているともいえる。そこに着目したのが振動数で、クラブの手元側を固定してヘッド側を揺すり、1分間に往復した回数を測定して得た数値のことです。

シャフトのフレックスはメーカーによってまちまち。A社のシャフトはSが合うけれどB社だとSRになる、といった具合に適正にバラつきが出ます。また、同じメーカーのSなのに硬く感じるものがあれば、それほどでないものもあります。

その点、振動数はシンプル。測定機器によって一定の振動を与えられれば違いが明確に出ます。いわば同じ土俵でシャフトを比較できるわけです。振動数の単位はｃｐｍで、数値が少ないほど柔らかく、多いほど硬いということになります。

たとえば同一モデルで比較した場合、Ｓは２４０～２６０ｃｐｍ、Ｒは２１０～２３５ｃｐｍあたりが多いようです。振動数に幅があるということは、フレックスが同じでも感じる硬さに違いが出るということです。

キックポイントによっても振動数が変わりますが、留意すべき点があります。振動数は手元側、大抵はグリップを固定した状態で計測します。しかも計測点は1箇所なので、先調子は数値が大きくなり、元調子は小さくなります。それを差し引いて判断する必要があるのです。ただ、先調子は柔らかく、元調子は硬く感じることは事実なので、そこは参考にしても問題ありません。

もちろん長さや重量によっても変わります。裏を返せば、45インチでも47インチでも、280グラムでも300グラムでも同じ振動数のシャフトがあるということ。当然、同じ振り心地にはなりません。

参考までに紹介すると、ヘッドスピード40m/s前後でゆったり振る人なら245〜255cpm、ヘッドスピードが45m/s前後なら255〜265cpm、ヘッドスピード50m/s前後で速く振るなら265〜275cpmあたりが適正とされています。

飛ばしのポイント

ゴルファーはスイング中にシャフトに生じる細かな振動を感じることでタイミングをとっています。これを踏まえると、**スピーディーに振るタイプは細かく振動するシャフト、ゆっくりスイングするタイプは、大きくゆったり振動しないことにはタイミングがとれません。**

フレックスやキックポイント同様、振動数もクラブを選ぶうえでの決定打にはなりませんが、もし、今使っているドライバーのシャフトが硬いと感じるなら測定してみるといいでしょう。少なくとも自分が心地よく振り切れるスペックかどうかがわかります。

飛ばしのポイント

100

ボール

クラブとボールの相性は？

「飛ぶようになっているのはクラブよりボール」というプロがいます。クラブが進化しているとはいえ、プロにとっては毎年のように飛距離が伸びるわけではない。それに比べると、ボールは年を追うごとに飛ぶようになっているというのです。

ボールで飛距離アップを目論む場合、まず注目すべきはスピン量。ドライバーで打ったときにどれだけスピン量をコントロールできるかがポイントになります。

事実、最近のボールはスピン系にしろ、ディスタンス系にしろ、スピン量が少なくなっています。

目安としては毎分2000回転前後が最も飛ぶ。上は2000回転台の後半になると飛距離ロスが生じ、下は1500回転までいくと失速して飛ばなくなります。

今どきのドライバーはロースピン仕様のヘッドが多いですが、飛ばしたいからといってロースピンのボールを組み合わせるとスピンが減りすぎて飛ばなくなります。

あるプロ曰く「スピンが適度に効いた球は打った瞬間にティを拾いに行けるけれど、スピン量が落ちすぎると風にもっていかれるわ、どこに飛ぶかわからないわで気が気でない」そうです。

スピン量はヘッドスピードやヘッドの入射角などによって変わるので一括りでは語れませんが、**ドライバーのスピン量が多めならディスタンス系のボール、スピン量の少ない低重心のドライバーならスピン系ボールとの相性がいいでしょう。**

また、**ボールの反発力も飛距離に影響を与える要素です。**昔から使われているボールのキャッチフレーズに「飛んで止まる」というのがありますが、これにはちょっとしたカラクリがあります。

ボールの内部に層を作り、しかるべき層に高反発素材を使うと、ウエッジで打った場合はそこまで潰れないのにドライバーだと潰れるため飛ばせるのです。反面、アイアンでは強く打って止めることができないのですが、それはさておきドライバーで飛ぶことは事実なので、こういったスピン系のボールを使ってもいいでしょう。

飛ばしのポイント

ボールもクラブもスピン系ということになるわけですが、この場合のポイントはインパクトの強さ。どれだけコアを潰せるかです。コアが潰れるほどスピン量は減ります。硬すぎると潰れないため反発力も使えませんから、インパクトで適正に潰れるボールを見つけましょう。

とはいえボールは打ってみるしかありません。機会があればデータを計測してみることをおすすめします。確実にいえるのは、大量に買い置きするのは避けたほうがいい。日進月歩で飛ぶようになっているボールの恩恵を受けられなくなります。

おわりに

本編でも少し触れましたが、飛ばしには2つのアプローチ方法があります。自分主体で臨むか、クラブ主体で臨むかです。

自分主体を簡単にいうと、スイングから考察するスタイル。動き方やスイングの各パートの形をチェックしていきます。でも、最大飛距離を得るには、どこかの時点で構築したスイングにクラブを合わす必要があります。

クラブ主体の場合は逆。ある程度スイングが固まっている状態、あるいは自分なりにスイングを進化させながらクラブのフィッティングを同時進行させるスタイルです。

どちらも正解ですが、ビギナーの方は自分主体から入らざるを得ません。そして、どちらにも共通していえるのは、スイングだけでもクラブだけでも、最大飛距離には到達できないということです。

第5章では「振れば振るほど飛ぶ」といわれる〝二点吊り子〟のスイングを紹介しましたが、それにしてもクラブが合っていなければ最大飛距離は出ません。

こう見てくると、本当に飛ばしたければドライバーのフィッティングが不可欠ということになります。各メーカーがフィッティングを推奨するのはそのためです。

とはいえ、それはそれで面倒くさい。であるなら、最低限、使用中のドライバーのスペックを確認してみましょう。

おそらく、多くの人がオーバースペック、つまり自分にとっては難しすぎるクラブを使っています。特に年齢層が高く、長い間同じドライバーを使い続けている人は要注意。飛ばないのはもちろん、それで飛ばそうとすると、体に無理を強いて体を痛めることにもなりかねません。

ドライバーは「ちょっとやさしすぎ」と感じるくらいがちょうどいいといわれます。いわゆるアンダースペックです。シャフトでいうなら、硬いより柔らかいほうが振りやすい。プロは体力に合わせてハードなスペックになっているだけで、振りやすいクラブを使っていることに変わりはないのです。

スイングで飛距離を伸ばそうとする場合も、目指すところは〝振りやすさ〟です。飛ばない人や曲がる人は、どこかで振りにくさを感じているはずです。

ある程度スイングできる人ならスイング改造などナンセンス。〝詰まり〟さえなくせば、うまく流れはじめます。そのヒントは、すでに紹介したとおりです。

なにやらクラブの宣伝のようになってしまいましたが、要はアマチュアは飛ばないことを自分のせいにしすぎています。それゆえスイングをいじりすぎておかしなことになっている。まずはアドレスやボール位置など、簡単にできることから変えてみましょう。ダメならクラブのせいにする。買い換えるまでせずとも、振りやすくする方法はあります。

いろいろお話ししてきましたが、最後の最後に提案したいのは、もっと自分にやさしくなることです。スイングにしろクラブにしろ、その無理強いが飛距離を落としている一番の原因なのですから。

著者

ゴルフエキスパート

◆プロフィール

長年、ゴルフ関連雑誌や書籍に関わってきたプロ集団。膨大な知識と経験を生かした飛ばしのエッセンスには定評があり、信頼性を誇る。

取材してきたプロゴルファー、ティーチングプロ、ゴルフメーカー、ゴルフ工房の数は膨大。

また、最新情報がいち早く入るパイプを持ち、悩めるアマチュアゴルファーの解決策をスピーディーに提示できるように活動している。

ゴルフ飛距離《ひきょり》アップ大全《たいぜん》
ドライバーがめちゃめちゃ飛《と》ぶようになるヒント集《しゅう》

二〇二三年一月二〇日　初版印刷
二〇二三年一月三〇日　初版発行

著　者……ゴルフエキスパート

発行者……小野寺優

発行所……株式会社河出書房新社
〒一五一-〇〇五一　東京都渋谷区千駄ヶ谷二-三二-二
電話〇三-三四〇四-一二〇一（営業）〇三-三四〇四-八六一一（編集）
https://www.kawade.co.jp/

構成……岸 和也
イラスト……鈴木真紀夫
ブックデザイン・組版……原沢もも
編集……菊池企画
企画プロデュース……菊池 真

印刷・製本……三松堂株式会社

Printed in Japan　ISBN978-4-309-29269-4